これからの病院経営を担う人材

医療経営士テキスト

医療倫理／臨床倫理

医療人としての基礎知識

初　級

箕岡真子 編著

8

日本医療企画

はじめに

　生命倫理は、1960年代にはじまり、1980年代に日本に紹介され、その根をおろした新しい学問分野である。非人道的な人体実験や、患者の権利を侵害するパターナリズム的医療などに対する反省から生命倫理は誕生した。それは、2000年以上も前から連綿と続いてきたヒポクラテス的医の倫理に加えて、患者の権利にも十分に配慮することの重要性をその内に含んでいる。

　生命倫理は「命とは」「よく生きるとは」ということを問いかける。したがって"いのち"に関わるあらゆる倫理的問題に関与している。すなわち、日常医療に関するもの（診察室からベッドサイドまで）、さらには、新聞の大見出しを飾る最新先端医療（ES細胞やiPS細胞、クローン技術、臓器移植、遺伝子診断治療、生殖補助医療、また、終末期の延命治療の中止・差し控え）など、「生」「病」「老」「死」すべてに関わっている。すなわち、医療倫理・臨床倫理は、生命倫理の重要な部分を占める学問分野であるといえる。

　医療倫理、特にその中でも「臨床倫理」は、臨床現場において、患者さんの人格を尊重し、その尊厳に配慮することを目的とする学問である。実践的には、日常臨床において、医学的に適切な医療を実践することとともに、患者さんや家族とのコミュニケーションを通じて、患者さんの人生観や価値観を尊重し、本人のQOLの向上やwell-beingに寄与することを目指している。このような臨床倫理の実践の結果、よりよい医療者－患者関係が構築できるのである。

　また、実際、地域包括ケアシステムや多職種協働が提唱されている現代の医療現場では、患者さんの病気だけでなく、患者さんを全人的に捉え、本人の価値観や生活といった視点も考慮し、患者さんに寄り添うことができる医療者が社会から求められている。したがって、臨床に関わるあらゆる職種の医療者が、患者さんの尊厳に配慮し、患者本人や家族に信頼されるために、臨床倫理を学ぶことはたいへん意義深いことである。

　ここでまず、臨床倫理が、医療の本質的な一側面であることを理解することが重要である。ある一人の患者について、診断・治療・予後などについて医学的に適切に熟慮することは、医療において最も基本的なことであるが、それと同様に、倫理的に考慮することは、欠かすことのできない医療実践の1つの要素であることを、身をもって学ぶことが重要である。

　このような臨床倫理の重要性に鑑み、最近では「臨床倫理」が医学部のコアカリキュラムに入り、また、病院機能評価においても、倫理的視点をもって医療を実践できることが重要な評価項目となってきており、倫理コンサルテーションや倫理委員会の活動が重要視さ

れている。このように臨床倫理は、日本の医療の土台として、深く、広く浸透してきている。

　ここで、倫理的視点から心に留めておいていただきたいことは、医療の経営や管理に関わる者も医療者の一員であるということである。特に現代は、医療の高度化・専門化によりチーム医療は不可欠である。一人の患者を中心として、多くの職種が直接的あるいは間接的に関わっている。したがって、患者に直接関わる医師や看護職と同様な「医療者－患者関係」を、医療の経営・管理に関わる者にも、チーム医療の一員として類推適用すべきである。

　医師－患者関係は、信認（信託）関係（fiduciary relationship）であるといわれている。医師が患者に対して信認義務を負っているということの意味は、医師は患者の最善の利益・幸福のため行動し、患者の尊厳に配慮しなければならないということである。それは、信認（信託）関係は、尊厳や信頼の上に成り立つ契約だからである。したがって、受託者（医師）は、自己の利益を二の次にして、委託者（患者）の最善の利益を求めて行動しなければならず、一般のビジネス上の人間関係よりも、受託者に求められる倫理的水準は高い。このような理由で、ビジネス上の信用関係とは異なり、医療をビジネスという枠組みでだけで単純に捉えることは不適切である。

　医療経営や管理に関わる者も、医療人の一人として、倫理について学ぶことによって倫理的感受性を養い、「何が倫理的に問題なのか？」という倫理的気づきをすることが求められる。つまり、「医療経営」は単なる「経営」「ビジネス」ではなく、「医療とは何か」という「医療」の本質について見極め、深く理解することができた者のみが、真の医療経営士としてふさわしいということである。

　それは、とりもなおさず、患者の福利・幸福・最善の利益をその思考の中心に据え、彼らの人としての尊厳に配慮することに他ならない。

　本書では、生命倫理・医療倫理の基本的な考え方、および、特に臨床倫理が関わる具体的なテーマについて概説している。日常の医療の実践において、倫理的な気づきをし、患者の尊厳に配慮することの重要性を学んでいただければ幸いである。

箕岡　真子

目　次
contents

はじめに …………………………………………………………………………ii

第1章　総論 ―― 医療倫理／臨床倫理の基本的な考え方

1 生命倫理（バイオエシックス）の発展と医療倫理 …………… 2

2 生命倫理から医療倫理、そして臨床倫理へ ………………… 7

3 患者の権利確立への動き ……………………………………… 12

4 人間の尊厳（Dignity）／SOL・QOL ……………………… 16

5 倫理問題へのアプローチ方法 ………………………………… 18

6 事実と価値／倫理理論 ………………………………………… 21

7 倫理原則と徳倫理 ……………………………………………… 24

8 倫理4原則 ……………………………………………………… 27

9 倫理4原則の対立 ……………………………………………… 31

10 インフォームドコンセント …………………………………… 34

11 医療に関する意思決定プロセスと代理判断 ………………… 37

12 守秘義務／個人情報保護 ……………………………………… 43

13 「医療者―患者」関係 ………………………………………… 47

第2章　各論
―― 医療倫理／臨床倫理の具体的テーマとその課題・展望

1 生殖補助医療①――その特殊性と倫理 ……………………… 60

2 生殖補助医療②――倫理的問題と法的問題 ………………… 64

3	出生前診断①——定義と方法 …………………………………… 67
4	出生前診断②——倫理的問題と課題 ……………………………… 69
5	遺伝医療・ゲノム医療、遺伝学的検査をめぐる倫理的課題 ‥ 75
6	最先端医療——クローン技術・再生医療など ………………… 81
7	研究倫理 ………………………………………………………… 86
8	臓器移植 ………………………………………………………… 90
9	認知症ケアの倫理 ……………………………………………… 95
10	終末期医療 …………………………………………………… 104
11	事前指示とアドバンスケアプランニング（ACP）…………… 113
12	成年後見制度 ………………………………………………… 118
13	倫理委員会／倫理コンサルテーション …………………… 120
14	医療者の労働環境・安全——QWLの提言 ………………… 124

【コラム】川崎協同病院事件 ……………………………………… 111

索　引 ………………………………………………………………… 141

第1章

総論——医療倫理／臨床倫理の基本的な考え方

1 生命倫理（バイオエシックス）の発展と医療倫理
2 生命倫理から医療倫理、そして臨床倫理へ
3 患者の権利確立への動き
4 人間の尊厳（Dignity）／SOL・QOL
5 倫理問題へのアプローチ方法
6 事実と価値／倫理理論
7 倫理原則と徳倫理
8 倫理4原則
9 倫理4原則の対立
10 インフォームドコンセント
11 医療に関する意思決定と代理判断
12 守秘義務／個人情報保護
13 「医療者—患者」関係

第1章　総論——医療倫理／臨床倫理の基本的な考え方

① 生命倫理（バイオエシックス）の発展と医療倫理

生命倫理（バイオエシックス）は、1960年代から70年代にかけて、米国の社会的背景から生まれた、新しい学問分野であると同時に、医療の変革運動でもあった。そこでの「患者中心の医療」や「患者の権利」の議論は、日本にも一定の影響を与え、今日に至っている。その経緯についてまず述べていく。

1 「生命倫理」とは何か（言葉と定義）

まずは「生命倫理」という言葉について解説する。

■ (1)ポッターの提唱

「バイオエシックス」の言葉が初めて使われたのは1970年代初めの米国においてである。「生命」を意味する「バイオ（bio）」と、「倫理」を意味する「エシックス（ethics）」を結びつけたこの語をつくったとされるのは、生化学者であり、がん研究者のファン・レンセラー・ポッター（Potter, V.R.）である。彼は、その著『バイオエシックス─未来への架け橋─』（1971年）において、有限な地球で人類がいかに生き延びるかを問題とした。

それに対応するために、彼は「生存の科学（the Science of Survival）」としての「バイオエシックス」を提唱したのである。この意味では、現在用いられている「環境倫理（学）」に通じる問題意識をもっていた。しかし、その「バイオエシックス」は、ポッターの使った意味で広まったのではなく、一般に知られるようになったのは、1960年代以降に、米国において噴出した、生命科学や医療をめぐる倫理問題の議論に「バイオエシックス」の語が用いられるようになってからである。特に、1978年に出版された記念碑的著作である『生命倫理百科事典（Encyclopedia of Bioethics）』によって、新しい学問分野としての地歩を固めた。

■ (2)『生命倫理百科事典（Encyclopedia of Bioethics）』における定義

もっとも基本的な定義は、『生命倫理百科事典』（初版1978年）において示された。すなわち、「生命科学や医療における人間の行為を倫理的価値や原則に照らして考える体系的な研究」である。それまでは生命科学や医療などは、倫理的背景はあるにせよ、基本的に

2　医療経営士●初級テキスト8

は自然科学的に探求した真理や事実の成果に基づいた人間の行為であり、そこには善悪の価値判断はほとんど存在しないと考えられてきた。あくまでも、客観的な事実に基づいて行われる、価値判断とは別の事実の世界ととらえられてきたのである。それに対して、生命科学や医学にも倫理的判断をもち込んだという点でこの定義には真新しさがあった。

　1995年発行の同書第2版では、次のように、さらにその概念が拡大された。すなわち、「学際研究において、さまざまな倫理学的方法論を導入して行う、生命科学と医療についての倫理的な洞察・判断・行為・政策を含む倫理的次元に関する体系的研究」と定義され、現代社会のなかでの生命科学と医療をめぐる広範な問題を扱うものとされている。第3版が2004年に出版されたが、バイオエシックスの定義は第2版のものを踏襲している。

　上記のような第1版と第2版における定義の変化の背景としては、1970年代の後半から、臓器移植や体外受精などの先端医療に対して、社会がどうコントロールするかという生命倫理の問題が大きく浮上してきたことが挙げられる。しかもそれは単なる個人の倫理の問題ではなく、社会的倫理であり、また公共政策など全体の問題であるとの認識も深まってきた。つまり問題を考える次元が広がってきたといえる。そこで、医療倫理の定義や概念もさらに拡大し、国家的な政策はもちろん、個々の病院などで、より具体的な対応を求める方向になってきている。

　さらに従来の定義では、倫理的価値や原則を前提にして判断することが重視されていたが、現在は、研究方法も多様化し、ナラティブ、フェミニズム倫理学などからのアプローチが議論されている。こうした新しい理論的展開に沿って、学際的なアプローチが進められており、広大な生命倫理学の領域が広がっている。

2　生命倫理成立の背景

(1) 米国の社会的背景

　「患者の権利」を求める運動は、世界的にみると1960年代の米国において、消費者運動や黒人の公民権獲得運動、ウーマンリブ運動（女性解放運動）などの人権運動に連動して生まれてきた。特に、1973年に米国病院協会によって採択された「患者の権利章典」は新しい医療を求める記念碑でもあった。

　このような患者の権利は、国際的にも市民の権利として認められていき、国連の人権宣言などとも呼応した。一方、患者の権利はグローバルな課題として、WHO（世界保健機関）、UNESCO（国際連合教育科学文化機関）などは、多くの国際会議を開催し、患者の権利を医療、医学研究などで尊重されるべきものとして、具体的に実現されるように、宣言や指針を提唱してきた。

　1973年に開発された遺伝子組み換え実験技術に対し、科学者による研究の自己規制や

第1章　総論──医療倫理／臨床倫理の基本的な考え方

社会的責任、また一般市民からの研究への批判が論じられた。これらは、実験指針（Guidelines）や、遺伝子組み換え実験計画を事前に審査する機関内生物安全委員会（Institutional Biosafety Committee）などの新しい研究体制を生んだ。遺伝子組み換え体の野外放出事件の安全性や、動物実験に対する倫理的配慮（実験動物に過度な苦痛を与えないなど）等も議論された。

■(2)「患者・被験者の権利」獲得の歴史

また、第二次世界大戦中のナチスの医師たちによる人体実験や、戦後の生物医学の発展において行われた人体実験について、研究倫理のあり方が検討され、世界医師会のヘルシンキ宣言などの研究倫理の指針が生まれた。そこでは、被験者へのインフォームドコンセントの重要性と研究計画の事前審査をする機関内研究審査委員会（いわゆる倫理委員会）体制が確立されてきた。

第二次世界大戦中、ナチスの医師たちは強制収容所内で実験を行っていた。彼らは収容者がどれくらい生きていられるかを観察するために冷水に沈めたり、生きている病原菌を注射したり、麻酔なしで手術をした。こうした犯罪行為は、人体実験のための倫理規定である「ニュルンベルク綱領」を生むに至った。その後1964年に世界医師会は、「ヘルシンキ宣言」を採択することになり、歴史上はじめて「インフォームドコンセント」という言葉が明記され、人間を対象とする研究をするための国際的な倫理規定となっている。

■(3)タスキギー事件

1932年に、米国公衆衛生局は、タスキギー大学が管理する梅毒に関する研究に一定の資金を与えた。その研究の被験者はアラバマ州のメイコン郡に住む、もっとも貧困な小作人の黒人であった。被験者600名のうちの399名が梅毒患者であり、梅毒にかかっていないコントロールグループ（対照群）は201名であったが、研究者たちは被験者にはペニシリンを投与せず、故意に治療を行わず、どのように梅毒が広がり、死に至るかを観察していた。タスキギー研究は1972年まで続けられたが、アソシエイティッド新聞の記者であるジーン・ヒーラーによって暴かれるまで、128名が梅毒ないしその合併症で死亡、40名の妻が感染、19名の子どもが梅毒に感染した状態で誕生し、その他の被験者も失明する等の合併症に苦しんだ。

■(4)ウィローブルック事件

ニューヨーク州のウィローブルック州立研究所では、B型肝炎のウィルスを被験者に注射していた。1956年に開始されたこの研究の被験者のほとんどは、重篤な精神遅滞があった。サラ・ウォーレスによって、2005年2月1日「WABC イブニング・ニュース」で報道されたこの医学実験は、1971年まで続けられていた。

生命倫理（バイオエシックス）の発展と医療倫理 ❶

3　日本における導入と展開

　日本において「バイオエシックス」の語が初めて現れたのは、前述したポッターの著書の訳本が出版された1974（昭和49）年である。当時の日本においては、分子生物学の発展にみられる生命現象の物理・化学的解明の進歩がもたらした「生命とは何か」の新しい問題をとらえ直そうする「ライフサイエンス」の議論が盛んであり、そのなかでポッターのバイオエシックスも迎えられた。その後、遺伝子組換え実験の規制問題がアメリカで話題になると日本でも生物学者を中心にして、いわゆるバイオテクノロジーの倫理問題としてバイオエシックスが語られるようになった。生命操作を可能にする生命科学のもたらした倫理問題を中心に議論された。

　そして、1980年代になるとアメリカでの臓器移植の活発化に刺激された日本移植医たちが臓器移植の推進の議論をはじめ、また体外受精など生殖技術の発展による問題も含め、先端医療技術の社会的受容が問題にされ始めた。

　この後、日本では、生命倫理の議論は、脳死を「人の死」と認めるかの問題を中心にして議論が続けられた。1997（平成9）年に、本人の事前の提供意思を前提とした「脳死状態からの臓器摘出」を認めた「臓器移植法」が成立したが、その実施には、法施行後1年4カ月の歳月がかかり、法施行後今日までに、490余例の臓器移植が行われた（2017〈平成29〉年12月現在）。

　なお、同法は2009（平成21）年7月に改正が行われ（施行は2010年7月、家族の優先提供の規定については2010年1月に施行）、15歳未満の子どもの脳死判定も可能とし、本人の意思が不明な場合は家族の同意のみで脳死判定、臓器摘出を可能とし、子どもの脳死下臓器移植の道を開いた。しかし、同法成立時の本人意思の尊重という理念が失われたことへの批判があり、また、子どもの脳死判定の困難性や「長期脳死患者」の存在が問題視されている。

　生殖補助医療技術については、人工授精が1949（昭和24）年より日本ではAID（第三者の精子提供による人工授精）で行われていたが、体外受精については、日本産科婦人科学会が会告で「夫婦間」に限るとしていた。しかし、「妹の卵子」を使用した体外受精などの実施例が発覚し、政府も生殖補助医療技術の実施の混乱を回避するためにも法制化を検討し始めたがその議論は進まないなかで、日本産科婦人科学会が会告で禁じている「代理出産（借り腹）」が実施されていたことが判明、その後も混迷した状態が続いている。

4　生命倫理の今後

　以上のように、これまでの生命倫理の議論は、生命科学・医療の発展のなかで見失われていた患者の人間性を回復することが議論の中心であったようにみえる。特に、患者・被

医療経営士●初級テキスト8　5

第1章 総論——医療倫理／臨床倫理の基本的な考え方

験者の人権の尊重という視点から生命科学・医療が見直されてきたのである。日本ではまだ不十分であるが、欧米では、それらの議論を進める国家的な体制が整えられ、また法制化やガイドラインの制定も進められてきた。しかし、1990年代後半からの生命科学の新たな発展、すなわち、クローン技術、ES細胞、iPS細胞を活用した再生医療、オーダーメイド医療、バーチャルリアリティーを利用した医療などをめぐる議論は、科学技術の発展がわれわれ人間のあり方そのものを改変することを目指してきてもいる。

　科学技術の発展は、人間の能力の強化(エンハンスメント)ということと結びついてきた。そのことは、人間社会における弱い立場にある者への福音となるとの議論もある一方で、どのように人間の能力を高めるかについては、人権の尊重という生命倫理の基本的理念からも注意深くみていかねばならない。医療や福祉の場面においては、生命倫理の議論は新たに大きな課題を投げかけられていることを忘れてはならない。

2 生命倫理から医療倫理、そして臨床倫理へ

1 臨床現場に根差した「倫理」を求めて

　前節でみてきたように、目覚しい生命科学の進歩のもと、脳死臓器移植や生殖補助医療技術など、医療をめぐる倫理問題が社会的にも大きくクローズアップされるようになってきた。また、こうした「先端医療」ばかりでなく日常の臨床現場においても、さまざまな倫理的問題が存在している。医療安全管理業務や医療の質向上など、病院機能評価をはじめとする医療マネジメントを考える上でも、今や「倫理」は欠かせない時代となった。

　では、医療における「倫理」問題というのは、医師や看護師など医療者個人のモラルの問題であるかというと、それほど単純な問題ではない。確かに、これまでの伝統的な「医の倫理（Medical Ethics）」は、「ヒポクラテスの誓い」や「ナイチンゲールの誓詞」に代表されるように、専門職集団としての医療従事者が遵守すべきモラルの問題として強調されてきた。こうした「医の倫理」は、20世紀に入ると、分子生物学の目覚しい進展の中で誕生した「生命倫理（Bioethics）」という形態へと変貌を遂げた。この変化はやがて医療技術の進歩の陰で蹂躙されていた「患者の権利」を擁護する運動と結びつくことで、「医療倫理（Medical Ethics）」という姿をとるに至り、確かに「患者の自己決定権」を尊重する「インフォームドコンセント」の取得という大きな成果を獲得した。

　しかしながら、「患者の自己決定権」というものをベースに、いくつかの倫理原則を立て、それを臨床の現場へ「当てはめる」トップダウン方式を主としてきた医療倫理は、実際の臨床現場に対応できていないのではないか、という批判がなされてきたことも否めない事実である。

2 臨床現場の「倫理」をめぐる3つの誤解

　臨床現場の「倫理」をめぐっては、医療従事者の間でも主に次のような3つの誤解があると言い得る。

① 「倫理」問題は先端医療の問題なのだから、日常診療の現場には関係ない。

② 臨床の現場で、「共感的立場から、優しさと善意で患者さんに接する」ということは、医療従事者として当然のことなのだから、今さら殊更に「倫理」を強調する必要はない。

医療経営士●初級テキスト8　7

第1章　総論——医療倫理／臨床倫理の基本的な考え方

③患者の自己決定権を重視するといった倫理原則は確かにとても大切だとは思うが「原理・原則」は抽象的すぎて、臨床現場では結局活かすことができない。

　まず、①の誤解に対しては、医療従事者が日々の診療の中で実際に遭遇しているにもかかわらず、それを倫理問題として「気づいていない」ということが挙げられる。急性期、慢性期を問わず臨床の現場では、患者に対する説明を行い、その上でインフォームドコンセントの取得がなされるが、これはもちろん、患者の自己決定権と関連する重要な「倫理」問題である。また、医療者側と患者・家族側との間で治療方針をめぐって意見が一致しない場合、医療者の裁量権を優先させるべきか否かという問題も、大きな倫理問題である。しかしながら、こうした一見すると医療従事者にとって「日常茶飯事」の出来事そのものが、「極めて重要な倫理的問題なのだ」と認識、同定することは、実は一定の教育トレーニングを受けていないと意外に難しいのである。この点に関して、公益財団法人日本医療機能評価機構による病院機能評価 3 rd Grade「第 2 領域　良質な医療の実践」「2.1.11　患者・家族の倫理的課題等を把握し、誠実に対応している」を評価する視点として、以下のように注意喚起している。

　「ともすると倫理の問題は特殊なケースと考えがちであるが、医療行為が基本的に侵襲のあるものであることを考えれば、ことごとく倫理的な側面を持っているとも言えるものであり、意識的にその問題を考える組織風土が期待される。(中略) 数多くの患者がいれば、何らかの倫理的課題は存在するはずで、ひとたびその課題に気付いたのであれば、解決に向けた努力が求められる。」

　次に、②の誤解に関しては、確かに「共感的姿勢で善意から患者に接する」というモラルは、極めて重要なことである。しかし、同時にそこには大きな"落とし穴"がある。例えば、喘息の発作で搬送されてきた患者の呼吸器を抜去し、さらに筋弛緩剤を投与した女性医師の事件が報道されたことがあった。この医師は「喘息の発作で苦しみ喘いでいる患者の姿を見るに忍びなかった。医師として、また人間としてもこの苦しみから解放してあげることこそ、この患者にとって最善の方法であるという使命感に基づいて行った」ということであるが、たとえ心から患者のことを想い、「善意」から行ったとしても、この行為は法的にはもちろん、倫理的にも正当化することはできない。なぜなら、その「善意」が医師個人の価値観に基づいて独り歩きしたものであった（患者の意思も確認されておらず、家族に対する説明も十分ではなかった）ために、それは「独善」に陥ってしまっているからである。「共感的に善意で接する」ことはとても重要ではあるが、その善意が独り歩きした時、それは「独善」になる。ここに大きな倫理的「落とし穴」がある。

　最後の③の問題は、確かに的を射ている点はある。実際の日常診療の現場で、医師や看護師をはじめ医療従事者が直面する倫理的ジレンマは、「倫理綱領」や「倫理ガイドライン」に記載されている倫理原則を現場に「当てはめる」ことで、たちどころに解決するようなものではないところに、医療現場における倫理的問題の深さ、悩ましさがある。例えば、「患

者さんの自己決定だから」ということで、短絡的に呼吸器を外せば、患者が死亡してしまうだけでなく、場合によっては医師が殺人罪に問われる可能性もある。こうしてみると、「患者さんの自己決定権を尊重しましょう」（自律尊重の原則）という倫理原則も、それ自体はとても重要であると理解できていたとしても、では実際に目の前の患者のニーズの中の、何に対し、どの程度、そしてどのように応えれば、自己決定を「尊重」したことになるのか、よくわからない、といったことは医療の現場では頻回に起こることである。

3 臨床倫理と倫理コンサルテーション

こうした批判に応えるために1990年代に登場したのが「臨床倫理（clinical ethics）」である。倫理原則を機械的に臨床現場に「当てはめる」トップダウンではなく、具体的な個々の臨床ケースからボトムアップでアプローチする臨床倫理の目的は、日常診療の現場で生じた倫理的問題を同定、分析し、具体的な解決策を提示することを通じて、医療の質を向上させることにある。

■（1）臨床倫理コンサルテーションの定義

「倫理コンサルテーション」とは　広くは「医療現場で生じた倫理的問題の解決のために行われる助言や相談活動全般のこと」を指すが、その問題領域が、いわゆる先端医療などを含む「生命倫理」の問題よりも、日常診療の現場で生じる「臨床倫理」の問題に関わるケースが多いことから、「臨床倫理コンサルテーション（clinical ethics consultation）」という意味において用いられる。ASBH（American Society for Bioethics and Humanities）によって1998年に公表された「医療倫理コンサルテーションにとっての核となる能力（Core Competencies for Health Care Ethics Consultation）」という報告書によると、「患者、家族、代理人、保健医療従事者、その他の関係者が、保健医療において生じた価値問題に関わる不安や対立を解消するのを支援する、個人やグループによるサービス」であると定義されている。その活動形式は、①「臨床倫理委員会（clinical ethics committee）」による「委員会コンサルテーション」、②「倫理コンサルタント（ethics consultant）」と呼ばれる専門家による「個人コンサルテーション」の２種類に大別されるが、1990年代終わり以降の北米圏では、③倫理委員会と個人コンサルテーションの中間に当たる少人数グループによる「チーム・コンサルテーション」の形態が最も一般的である。

■（2）臨床倫理コンサルテーションの現状と課題

米国では1970年代の早い段階から倫理コンサルテーションが行われていたという報告もあるが、国レベルでの検討と整備が本格化するのは1990年代に入ってからのことである。欧州においては、北米圏からやや遅れた1990年代終わり頃から、イギリスやフランス、

第1章　総論——医療倫理／臨床倫理の基本的な考え方

オランダ、ドイツ、スイス、オーストリアなどで倫理コンサルテーション活動の取り組みがみられ始め、2000年以降、活発化している。先述のASBHによる報告書がまとめられた際、倫理コンサルテーションをめぐるさまざまな問題や今後の基本的な課題が整理されたものの、米国内においても倫理コンサルテーションに従事する職種を公的資格として整備するか否かについては賛否両論あり、現在も結論は出ていない。

　臨床現場にとって倫理コンサルテーションが不可欠であるという見解自体には、概ね異論のないところではあるが、①「個人コンサルテーション」は迅速対応が可能な半面、倫理コンサルタントの「個人的価値観」が前面に出てしまう危険性もあり、またその専門的トレーニングや資格整備の問題など「社会的責任と責務」の範囲が曖昧なままであること、②「委員会コンサルテーション」は、多様な人材による多面的アプローチが可能な半面、招集には時間がかかり機動力に欠け、時として「お墨付き委員会」のような「権威主義」に陥りやすく、特に日本国内では依然として多くの倫理委員会はいわゆるIRB等の「研究倫理委員会（Research Ethics Committee）」の性格が強く、「臨床倫理」の問題を扱う状況にはほど遠いなど、今後検討すべき課題は多い。

▌(3)臨床倫理コンサルタント

　「臨床倫理コンサルタント」とは　臨床倫理に関するトレーニングを受けた専門家のことを指し、患者の治療やケアにおいて倫理的ジレンマが生じた際に、その解決のための支援を行う人材のことをいう。米国における臨床倫理コンサルタントの学問的背景としては、医学、看護学、法学、哲学・倫理学、神学、あるいはソーシャルワークなどさまざまであるが、臨床の現場が理解できる素養が不可欠であるとされる。臨床倫理コンサルタントにとって重要な4つの活動目標は、ジョンC.フレッチャーによると以下の通りである（Fletcher JC, Siegler M, What are the goals of ethics consultation? A consensus statement. Journal of Clinical, 7, 1996, 122-126.）。

①患者や家族、医療専門職や当該医療施設にとっての利益を最大限にし、危害を最小限にするために、患者および代理人の希望を尊重し、さまざまな文化的価値観を尊重した公正な意思決定がなされるように支援すること。

②関係者たちに敬意を払い、その利益、権利および責任を考慮に入れつつ、円滑に対立を解決できるように支援すること。

③当該症例における倫理問題を理解し、倫理的水準を高めることによって、医療施設としての運営方針の発展を図り、医療の質を向上・改善し、なおかつ医療資源の有効活用を図ること。

④医療機関・病院職員に対する臨床倫理に関する教育を行うことにより、現場スタッフが倫理問題を解決できるように支援すること。

4　臨床倫理の今後

　日本国内において現時点では、いわゆる「研究倫理」に係る倫理委員会のあり方に関しては、厚生労働省・文部科学省合同による「人を対象とする医学系研究に関する倫理指針」において、臨床研究を対象とする「倫理審査委員会」に関する規定は明確化されている一方で、「臨床倫理委員会（Clinical Ethics Committee：CEC）」のあり方を規定した明確な法律・省令・省庁ガイドラインは存在していない。わずかながら、厚生労働省による「終末期医療の決定プロセスに関するガイドライン」（2007〈平成19〉年5月）において、「2-（3）複数の専門家からなる委員会の設置」という項目の中で、以下のように記されているのみである。

　「治療方針の決定に際し、医療・ケアチームの中で病態等により医療内容の決定が困難な場合、患者と医療従事者との話し合いの中で、妥当で適切な医療内容についての合意が得られない場合、家族の中で意見がまとまらない場合や、医療従事者との話し合いの中で、妥当で適切な医療内容についての合意が得られない場合等については、複数の専門家からなる委員会を別途設置し、治療方針等についての検討及び助言を行うことが必要である。」このように「複数の専門家からなる委員会」と記されてはいるものの、それをもって「臨床倫理委員会（CEC）」と明記するまでには至っていない。その一方で、公益財団法人日本医療機能評価機構による「病院機能評価」においては、2002（平成14）年7月に運用が開始されたVer.4の頃から「研究倫理」ではなく、「臨床倫理」の問題を検討する「場」が設置されているか否かを問う評価項目が明記されるようになった。機能評価を受けるにあたっては膨大な評価項目があり、その準備のためには相当な労力が必要とされ、特に近年、この機能評価の中で「臨床倫理」というキーワードが頻出するようになり、現在の「機能種別評価項目3rd Grade（従来の通し番号からすればVer.7に相当する）」においても重要な評価項目の1つとなっている。今後は臨床研究のみならず、日常の臨床現場にとっても「生命・医療倫理」に精通した高度専門職業人としてのトレーニングを受けた倫理コンサルテーションを担う人材育成が急務となるだろう。

　医科学的知識のみならず、法的・倫理的知識に関するトレーニングを受けた人材は、医療スタッフをバックアップする倫理的支援体制の中心的人材となり、病院機能評価において求められている「臨床倫理委員会」等を運営するコア・メンバー、あるいは臨床研究支援センター等における研究倫理コンサルテーションを担う「倫理コンサルタント」として活躍することも期待される。

第1章　総論──医療倫理／臨床倫理の基本的な考え方

③ 患者の権利確立への動き

　医療者は、患者の権利を尊重し、擁護するよう努める責務があり、患者の権利に関する世界医師会（WMA）リスボン宣言をはじめとするさまざまな宣言や綱領において患者の尊厳に配慮することの重要性が述べられている。患者の権利には、良質な医療を平等に受ける権利、説明を受け自らの意思に基づき医療を受ける権利と拒否する権利（選択の自由の権利・自己決定の権利）、情報を得る権利、プライバシーが守られる権利、セカンドオピニオンを求める権利などがある。本節では、これらの患者の権利の中でも、特に「自律 Autonomy」に関する権利を中心として、その歴史的変遷を概観してみたい。

1　患者の自律の権利確立への動き

　伝統的な医の倫理であるヒポクラテスの誓いにおいては、善行原則が中心のパターナリズム的医療が推奨され、これが連綿と2000年以上も続いていた。20世紀以降、インフォームドコンセントに関わる裁判事例の積み重ねがあり、患者の知る権利と選択する権利が法理として確立していった。さらに、望まない治療を拒否するという多くの裁判の提起が患者から起こされるようになった。また、患者の権利侵害事件が起こり、それらへの反省から、患者の自律（自己決定）を保障する倫理原則が提唱された。これらのさまざまな社会の動きや変化とあいまって、生命倫理（バイオエシックス）という学問が発展していった。さらに、患者の権利の認識により、多くの医療過誤訴訟やインフォームドコンセント訴訟が起こされるようになった。

┃（1）ヒポクラテスの誓い──伝統的な医の倫理：善行原則

　古代ギリシア時代のヒポクラテスの誓いには「自身の能力と判断の限りを尽くして、患者に利すると思う治療法を選択し、害と知る治療法を決して選択しない」とあり、この「医の倫理」の伝統は、2000年以上も連綿と続いてきた。このヒポクラテスの誓いにおいては、医師の善行に重点が置かれ、患者の自律に対しては配慮がなされていなかった。専門家である医師が考える治療は最善であり、医師が選別した情報だけを患者に与える温情的干渉をよしとした。患者本人にとって最善の利益につながると医師が考えるような決定をするパターナリズム的考え方であった。

12　医療経営士●初級テキスト8

(2)インフォームドコンセントに関わる裁判事例の積み重ね

　患者の知る権利と選択する権利からなるインフォームドコンセントは、多くの判例の積み重ねによって確立してきた法理である。特に、これらの裁判がインフォームドコンセントの発展に貢献したのは、「どの情報が患者に開示されなければならないのか」という点である。以下、いくつかの事件と、判決の重要部分を抜粋する。

①モーア事件（1905年）：【判決】「傑出した高名な医師であっても、患者の承諾なしに手術をして、身体の尊厳を冒すことは許されない」

②シュレンドルフ事件（1914年）：【判決】「成人に達し、健全な精神をもつすべての人間は、自分の身体に何がなされるかを決定する権利がある」

③ネイタイソン事件（1960年）：【判決】「なるべくわかりやすい言葉で患者に開示し説明するのは医師の義務である」

(3)望まない治療を拒否するという裁判の提起

　患者は、自身が望まない治療を拒否できるという権利（消極的権利〈negative right〉）が保障されている。したがって、特に終末期において、望まない治療拒否の多くの裁判が提起された。以下、いくつかの裁判と、判決の患者の権利に関わる部分を抜粋する。

①カレン・クィンラン裁判（1976年）：【ニュージャージー州最高裁】「本人のプライバシー権には治療を拒否する権利も含まれ、死にゆく過程を引き延ばすだけの延命治療を拒否できる」

②ウィリアム・バートリンク裁判（1984年）：【判決】「自分の受ける医療についての自己決定権の優先順位が、病院や医師の意向よりも低く位置づけられるならば、その権利には何の意味もなくなる。治療を拒否する患者の意思は尊重されなければならない」

(4)患者の権利侵害事件への反省

　ナチス医師による人体実験、タスキギー事件、ウィローブルック事件など（4ページ参照）、患者や被験者の自律や公正性に配慮しない非人道的研究に対する反省から、患者の自己決定の権利の重要性が指摘された。

(5)生命倫理（バイオエシックス）という学問の発展

　患者の権利侵害事件や非人道的研究などの出来事に加え、平等を求めるさまざまな市民運動（人種差別、女性解放、機会均等、消費者運動、反核反戦運動など）、医学・科学の進歩による弊害、科学の中立性への疑問、公害環境問題、個人主義の台頭と伝統的な家族社会制度の変容といった社会文化的変化があいまって、今まで自明なこととされていた生命に関するあらゆる価値観や倫理観が改めて問い直され、患者の権利が認識され、バイオエ

第1章　総論──医療倫理／臨床倫理の基本的な考え方

シックスという学問が発展した。

（6）倫理原則の提唱

　タスキギー事件の反省に立ち、ベルモントレポート（研究における被験者保護のための倫理原則とガイドライン、1979年4月18日）の中で倫理原則が示された。一番目の原則は人格の尊重（Respect for persons）であり、現在、自律尊重原則（Autonomy）として広く知られているものである。それは、①個人は自律的な主体として扱われるべきである。【本人が熟慮した判断を尊重すること／本人が考えた上での判断に基づいた行動の自由を認めること／考えて判断するための情報を提供すること】、②自律の弱くなっている個人は保護を受ける権利があるということを意味している。

（7）医療過誤訴訟

　医療過誤とは、医療事故のうち過失に基づくものを指す。過失とは、ある事実を不注意で認識せず（予見義務違反）、その結果の発生を避けなかった（回避義務違反）場合に認定される。患者の権利が認識され、患者が医療被害者としての被害の回復・救済を求め、多くの医療過誤訴訟（民事）が提起された。また、集団訴訟としては、輸入の非加熱血液製剤の使用により血友病患者がヒト免疫不全ウイルス（HIV）に感染しエイズを発症した薬害エイズ訴訟や、ヒトの血液から抽出精製してつくられたフィブリノゲン製剤などの投与によりC型肝炎に感染した薬害肝炎訴訟などがある。

（8）インフォームドコンセント訴訟

　医療行為そのものに過失がなくても、適切なインフォームドコンセントがなされなかった場合にも訴訟が提起されることがある。患者にとって重要な権利である「知る権利」「選択する権利」が侵害されたことによる。それは、ⅰ）医師が開示すべき危険性の情報を開示しなかった、ⅱ）もし、その危険性について情報開示があれば治療に同意しなかった、ⅲ）その危険が現実のものとなり、患者が実際に被害を受けた場合である。

2　患者の権利を守るために

（1）対立から共感へ

　医療者と患者の関係は、本来は、対立関係であってよいはずはない。両者は、患者のQOLの向上とwell-beingのために協力し合う関係であるべきである。医療者は、病気に苦しむ患者の立場に思いを馳せ、共感のある態度で対応すべきである。

　しかし、医療過誤訴訟などが提起されると、対立構造が前面に出て、どちらが勝っても

負けても疲弊するし、傷つくことになる。したがって、訴訟になる前に、できる限りコンフリクト(意見の不一致)を解決する方法を模索することが望ましい。

▌(2)コンフリクトの解決方法

コンフリクトの解決方法には、①時間をかけ話し合いを繰り返す、②セカンドオピニオン、③合意に向けた対話を推進する、④試行期間、⑤倫理コンサルテーション、⑥倫理委員会、⑦裁判外紛争解決(ADR)、⑧法的介入などがある。それぞれのケースごとにふさわしい解決方法を、多職種で考えることが重要である。そのためには、各立場の意見を、十分に共感をもって傾聴することである。

▌(3)感情的軋轢をなくし、独断に陥らない

患者の要望が適切であるかどうかについては、独断に陥らないように多職種協働で判断すべきである。その際には、まず患者に対する偏見や先入観を排除し、感情的対立をなくす必要がある。

患者からの要望が適切であると評価された場合には、医療ケアチームは患者の自律に配慮し、その患者にとっての最善の利益について熟慮すべきである。

反対に、患者の要望が過剰であると評価された場合には、なぜ過剰で受け入れられないのかについて十分説明し、理解を促す必要がある。患者の権利は乱用されてはならず、適正に行使されなければならない。

こういったコンフリクトを解決するための話し合いは、時にたいへん困難なものである。解決のためには、まず、感情的対立をなくし、客観的中立的第三者の意見を求め、独断に陥らないように多職種協働的話し合いをすることである。そして関係者が、患者の最善の利益、well-beingのために行動するというモチベーションを再確認することが重要である。

▌(4)コミュニケーション・対話の重要性

医療者・患者両者が、患者のQOLの向上とwell-beingのためにコミュニケーションを深めることが、患者の権利に配慮することになるし、よりよい信頼関係を築くことになる。実際、法的介入(裁判)に至ってしまうのは、両者のコミュニケーション・対話が不足していたり、誤解があったり、感情的すれ違いがあったりした場合が多い。

最近では特に、終末期医療ケアのガイドライン(人生の最終段階における医療・ケアの決定プロセスに関するガイドライン、厚生労働省、改訂;平成30年3月)において、アドバンスケアプランニング(ACP)といったコミュニケーションを主軸にした意思決定プロセスが推奨されているが、相互理解のある、よりよい医療者−患者関係を構築するためには、望ましいことである。

第1章 総論——医療倫理／臨床倫理の基本的な考え方

4 人間の尊厳(Dignity)／SOL・QOL

われわれは、日常の医療現場で「尊厳」や「QOL」という言葉を頻繁に用いている。実際、患者の権利に関するWMAリスボン宣言(1995年)では「患者は、人間的な終末期ケアを受ける権利を有し、またできる限り尊厳を保ち……」とあり、介護保険制度の理念にも、「人間の尊厳の理念に立つ社会保障の体系として、高齢者の自立を支援し、人生の最期まで人間としての尊厳を全うできるよう支援すること」と謳われている。そこで本節では、それらの言葉が表す倫理的意味について考えてみたい。

1 人間の尊厳(Dignity)

(1)「尊厳」という言葉

「尊厳」は、歴史的にも社会的にも深い含蓄がある難しい概念である。そして、この「尊厳」という言葉ほど、倫理が問題となる場面において、あまりに頻用されていながらも、その実、多くの意味合いをもち、また、人によって異なる意味に用いられたり、さらには本当の倫理的意味を理解されずにいともたやすく用いられている言葉はないといえる。

日常の医療ケア現場においても、「身体拘束は尊厳に反する行為だ」「人前でおむつ交換をすることは、高齢者の羞恥心に配慮しない尊厳に反する行為である」などはよく聞かれる。しかしもし、理由も説明されずに「あなたの行為は尊厳に反するよ」といわれたらどうだろうか。「尊厳」という言葉には絶対的な意味があるため、その行為の善悪について適切な評価・検討をすることなく、他の主張や批判を受け入れず議論をストップさせてしまうことすらある(これをknock down argumentという)。

(2)尊厳は人格に備わる絶対的な価値である

「尊厳」は、「人格に備わる、何ものにも優先し、他のものでとって代わることのできない絶対的な価値である」といわれている。モノは壊れてしまえば、新しいモノと交換することができるが、人間はかけがえのない存在であり、他のモノでとって代わることはできない。したがって"尊厳"は、歴史的にも、法的な意味での「人権」(自由権・平等権・生存権など)によって保障されている。

16 医療経営士●初級テキスト8

人間の尊厳（Dignity）／ SOL・QOL

■（3）尊厳をもつものは、常に目的として尊重される（カント）

　人間が、単なる手段や道具として扱われたとき（モノ扱い）、「人間の尊厳」は侵害される。尊厳をもつものは、常に目的として尊重される必要がある。極端な例だが、奴隷・同意のない人体実験などは、人間を手段として用いているために、尊厳に反し倫理的に許容されない。

2　QOLとSOL

■（1）SOL：生命の尊厳・生命の神聖性（Sanctity of Life）

　SOL（Sanctity of Life）は「生命の尊厳*」、あるいは「生命の神聖性」と呼ばれている。生物学的な意味での生命の神聖さゆえに、人の命は不可侵であり、すべて平等で絶対的な価値をもっているという考え方である。すなわち、「生きていること（生命）」それ自体に価値を認めている。

■（2）QOL：生（命）の質（Quality of Life）

　QOLは生命の質、あるいは生活の質と呼ばれている。生命・生活・人生の「質的」内容（質のよし悪し）を指している。したがって「Life」という語の指し示すところは使用する人により、ADL（Activities of Daily Living：日常生活動作）や生活の質から、「いのち」の質まで幅広く、その使用にあたっては注意を要する。

　QOLは（可能であれば）他人が判断するのではなく、本人が自分の価値観や人生観に沿って判断すべきものであるが、実際は主観的側面（本人による判断）と客観的側面（他人による判断）を併せもって使用されている。

■（3）SOLとQOLの関係

　最初は、SOLとQOLは、互いに対立する概念として登場した。SOLが生命の神聖さゆえに命に絶対的価値（生きていること〈＝命〉そのものに価値がある）を認めるのに対して、QOLは命の質に高・低（相対的価値）を認める理論である。元々は、相対立する概念として登場したSOLとQOLだが、「『生命の神聖性SOL』を尊重することは『生命の質QOL』に配慮することにほかならず、SOLとQOLは両立可能である」と考えることが、臨床においては倫理的に妥当であるといえる。

＊生命の尊厳SOLは、『人間の尊厳（Dignity）』としばしば混同されるので注意が必要である。

医療経営士●初級テキスト8　17

倫理問題へのアプローチ方法

　日常の医療現場で直観的に「これは倫理的に問題だ」と感じることがあるだろう。いったい、その根拠は何だろうか？　実際、日常の臨床現場にはさまざまな倫理的問題が潜んでいる。しかし、それらが倫理的問題であると気づかない場合さえある。また、倫理的問題に気づいても、どのように解決をしていったらよいのか解決方法がわからない場合もある。さらに解決方法がわかっても、具体的に解決に向けて行動をとることができない場合もある。そこで本節では、適切な倫理的気づきと、倫理問題の解決へのアプローチ方法について考えてみる。

1　倫理的ジレンマと倫理的気づき

(1)倫理的ジレンマ

　医療行為は、医学的根拠だけでなく、倫理的にも正しいことが必要である。しかし、日常の医療現場においては、相反する2つの倫理的根拠があり、それらのうちどちらが正しいのか優劣をつけがたいケースがしばしば見受けられ、医療者を悩ませる。これを倫理的ジレンマ（倫理的価値の対立）という。

(2)倫理的気づき

　倫理的感受性（ethical sensitivity）をみがき、このような日常臨床に潜む倫理的問題に敏感になることが、「倫理的気づき」である。それは、ある臨床上の問題を、ただ単に医学的適応の問題であると捉えるだけでなく、倫理的問題も内包していると捉えることである。

(3)倫理的気づき⇒倫理的論点の同定⇒分析⇒解決

　臨床における倫理的ジレンマを解決するプロセスである。まず、倫理的気づきがなければ、このプロセスは始まらない。臨床倫理とは、ある臨床上の決定・実践を、倫理的に正当化する根拠を分析する学問である。そして、人々の間のコンフリクト（意見の不一致）を、関係者が妥当であると納得する合意に到達させることを目的とする。

2 倫理的ジレンマへのアプローチ方法

(1)直観的アプローチ

　論理的思考のプロセスを経ずに、直観的に物事のよし悪しを判断することである。例えば、虐待や医療費不正請求の報道を見て、瞬時にして"これは悪いことだ"と判断することは、この直観による。

(2)会話によるアプローチ

　これは日常の診療において通常、用いられている方法である。例えば、「なぜ、この治療を拒否するのですか?」などと尋ねる会話から始める方法である。そして、すべての関係者にとって妥当な決定を導き出すことに重点を置く。

(3)分析的アプローチ

　まず論点のリストを作成し、倫理的ジレンマを明らかにし、論理的な分析をしていく方法である。生命倫理の分野で、倫理問題を分析し解決に導く際によく用いられる。

　個人の道徳観*や直観だけでは、日常臨床のケースにおいて、どちらが正しいのか甲乙つけ難い微妙な倫理的ジレンマを解決する根拠としては充分ではない。倫理的判断では、熟考と明確な議論とを重ねて、ある医療行為の正当性を、医学的だけでなく、患者の価値観も含めて論理的に説明する必要がある。

　そして、常にコミュニケーションの重要性を意識することも必要である。コミュニケーションが不足すると、信頼関係が築かれず感情的対立が生じ、解決につながらなくなってしまうし、また不必要な余分なコンフリクトまで生じてしまう。

3 医学―倫理―法とのバランス

(1)倫理的判断は、状況によって異なることがある

　法は「誤らず生きる」、倫理は「よく生きる」方向性を指し示している。法律は、医師が法的責任を問われる「してはいけない」最低限の行動基準を教えてくれる。「法は倫理の最低限」といわれるゆえんである。しかし、倫理的ジレンマに対して、決定的な答えを提示してくれるわけではない。倫理は、ある状況下において、よりよい判断は何か、最善の利益は何か、を考えようとする。したがって、状況が異なれば、同様なケースであっても判断

---

*道徳的判断は、個人の価値観や信念に基づいており、「人々の文化のなかで、正しいものとして受け入れられてきた習慣や慣習にかなったもの」として、ここではとらえている。

内容が異なることがある。

(2)医学―倫理―法とのバランスを考える

しかし、倫理的判断はただ倫理的に正しいというだけでなく、医学的視点・法的視点からもバランスがとれたものでなくてはならない。すなわち、社会の多くの人々が、妥当であると納得する解決方法である必要がある。

実際、終末期医療などの倫理的コンセンサス(合意形成)は、法的判例の積み重ねに拠っていることが多い。また、人々の権利を侵害した非人道的研究に対する反省から、綱領・宣言・ガイドラインなどがつくられてきたという経緯がある(図1-1)。

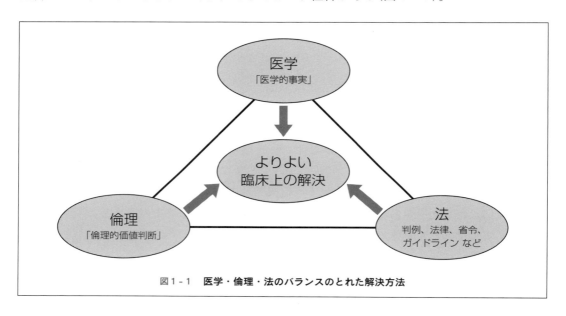

図1-1　医学・倫理・法のバランスのとれた解決方法

倫理問題へのアプローチ方法 ❺／事実と価値／倫理理論 ❻

事実と価値／倫理理論

　臨床現場においては、「意見の相違」の場面がしばしばある。医師が病状や今後の治療方針の説明をしても、患者本人と家族の意見が異なる場合もあるし、医師と患者本人の意見が異なる場合もある。しかし、必ずしも誰かの意見が正しく、他の人の意見が間違っているということではない。そこで本節では、医学的事実と倫理的価値判断について考えてみる。

1　事実（Fact）と価値（Value）

　倫理においては、医学的事実（Fact）と倫理的価値判断（Value）の境界（あるいは区別）についての議論が重要である。よい価値判断をするためには、正しい事実認識がなされなければならない。しかし、よい医学（事実）上の決定をすることができる人が、必ずしもよい倫理上の決定をすることができるわけではないことは、患者に対する権利侵害事件の歴史が証明してきた。また、患者や家族、医療専門家はそれぞれ異なった価値観をもっているものであり、自分の考え方と異なるという理由だけで、他人の考え方を否定することは誤っている。「各自の価値観には常に相違があるもの」であり、それらは互いに尊重されなければならない。

■(1)「医学的事実認識」と「倫理的価値判断」の区別に敏感になる

　医学的事実とは、検査や画像診断の結果、診断名および予後などを指す。倫理的価値判断とは、それらの事実を踏まえて、各個人の価値観や人生観に従って判断・行動することである。したがって、「……である（医学的事実）」は、必ずしも「……であるべき（倫理的価値判断）」にはならない。

■(2)「正しい事実認識」がなければ、「よい倫理的価値判断」はできない

　もし、医学的事実が間違っていれば、今後の治療方針について適切な判断をすることができなくなってしまう。したがって、「よい倫理的価値判断」をするためには、「正しい事実認識」が不可欠である（図1－2）。

(3)「正しい事実認識」がなされている場合でも、「よい倫理的価値判断」は必ずしも1つではない

　同じ正しい医学的事実を認識している場合であっても、各自の価値観・人生観の違いにより、選択する治療法は異なることがある。例えば、病状が同様な肺がん患者であっても、Aさんは手術を選択し、Bさんは化学療法を選択し、Cさんは放射線治療を選択することがある。あるいは、ある摂食不良の患者への人工的水分栄養補給について、医師と看護師と介護専門家では今後の方針について意見が異なることがある。これらのうち、ある1つだけが正しく、他のものは正しくないということはいえない（図1-3）。したがって、自分と異なる考えも、その根拠についてよく聴いて尊重する必要がある。

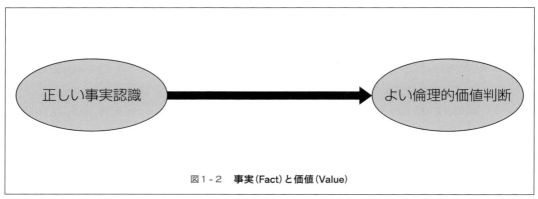

図1-2　事実(Fact)と価値(Value)

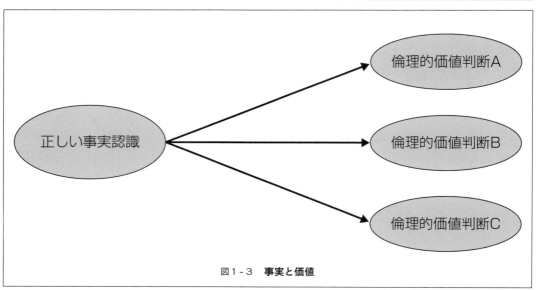

図1-3　事実と価値

事実と価値／倫理理論 ❻

2　倫理理論

　生命倫理の考え方は、いくつかの倫理理論(Theories of Ethics)に基づいている。主なものに、①功利主義(Utilitarianism)、②義務論(Deontology)がある。

■(1)功利主義(Utilitarianism)(結果尊重主義)

　これは行為の結果に基づいて、それらの行為を倫理的に正当化するものである。「結果尊重主義(Consequentialism)」とも呼ばれ、「結果がよければ、すべてよし」という考え方を支持する。しかし、この考え方においては、「何がもっとも“よい結果”をもたらすのか」が問題となる。そのよい結果とは、①個人にもっともよい結果をもたらすもの、②負担を上回る最大の利益をもたらすもの、③最大多数の最大幸福、として理解される。この功利主義理論に従えば、例えば、多数の人々の利益になることであれば、ある個人の秘密を漏らすことが許されたり、また公共政策における資源配分に関しては、個人の利益よりも社会的利益に重きを置くこともある。

　例えば、がんの終末期の場合、もし、長期生存をもっとも“よい結果”と考えれば、緩和ケアは採用されなくなってしまう。また、本人の心の平穏をもっとも“よい結果”と考えれば、緩和ケアはファーストチョイスとなり得る。このように、功利主義理論においては、何をもっともよい結果とするのかが常に議論の的になる。

■(2)義務論(Deontology)

　行為の善悪は、結果のみで判断されるのではなく、その行為が倫理的義務「ひとりの人として、こうすべき、こうすべきでない」に反していないかを考慮する。義務論的な考え方においては、奪うことのできない人間の権利を尊重するために、時に、よい結果は脇に押しやられることもある。義務論に従えば、嘘をついたり、秘密を漏らす行為は本質的に間違っており、たとえそれが多くの人々に利益をもたらすものであっても正当化されない。また、本人の同意なしに、ヒトを危険な医学研究の被験者にすることは、たとえもしそうすることの結果が、多くの人々の命を救うことになるとしても誤っていることになる。

医療経営士●初級テキスト8　23

倫理原則と徳倫理

　医療の実践において倫理的に正しい行為をするためには、倫理原則と徳倫理が重要である。それらについて、本節および次節で概説する。
　生命倫理の領域では、長い間、以下の問いが投げかけられてきた。
「医療現場における倫理問題に対処する時、よい倫理上の決定をするためには、次のどちらがより重要であろうか？」
①正しい行為をするための手引きである倫理原則をもつこと（倫理原則）
②高潔な方法で行動したくなるような性格をもつこと（徳倫理）
　①のよい行為を強調するものが「倫理原則」であり、②のよい性格を強調するものが「徳倫理」といわれているものである。「倫理原則」が「徳倫理」より大切と考える立場もあるし、逆の立場もある。しかし、医療現場において、倫理的に正しい判断をして、患者の尊厳を守るためには、「倫理原則」と「徳倫理」の両者とも欠くことのできない大切なものである。

1　倫理4原則

　倫理原則は、患者の権利を侵害したタスキギー梅毒研究の反省に立ってつくられたものである（図1-4）。
　倫理原則には、①自律尊重原則、②善行原則、③無危害原則、④公正・正義原則の4つがある。タスキギー事件（4ページ参照）においては、(a)被験者である黒人男性に、研究の内容が知らされていなかった。また、彼らの自由な意思で研究参加したのではなく、半強制的だった（自律尊重原則に反する）、(b)梅毒の治療薬であるペニシリンが発見されたにもかかわらず、治療薬が与えられなかった（善行原則に反する）、(c)ペニシリンの代わりに偽の薬を与えられ、治療の機会を奪われ、多くの被験者が死んでいった（善行原則・無危害原則に反する）、(d)すべての国民が平等に治療を受ける権利があるはずなのに、貧しい、あるいは黒人という理由で、半強制的に参加させられた（公正・正義原則に反する）という点で、倫理的に問題であった。
　1978年の「生物医学および行動科学研究におけるヒト被験者保護のための国家委員会報告書（ベルモントレポート）」において、自律尊重原則・善行原則・公正・正義原則が提示され、その後、1979年に無危害原則が加わった。

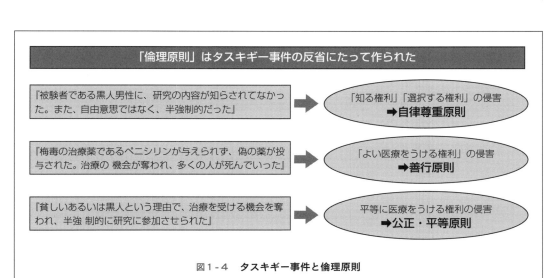

図1-4　タスキギー事件と倫理原則

① Autonomy　　　　　自律尊重原則
② Beneficence　　　　善行原則
③ Non-maleficence　　無危害原則
④ Justice　　　　　　公正・正義原則

図1-5　倫理4原則

2　徳倫理（Virtue ethics）──行為者の性格のよさ

(1) 徳倫理とは

　医療を実践するにあたって、よい倫理的判断をするためには、有徳な方法で行動したくなるような性格・資質（献身・思いやり・共感など）をもつことが重要であるという考え方である。実際、医療という専門領域に活力を与える医療者の精神性や熱意は、患者との信頼関係を築く上でも重要である。徳のある性格は、ヒポクラテスの時代から、医師の重要な資質とされてきた。「その医師はよい人か？　よい医師か？」ということに焦点を置き、正しい行為（診療）をしていても、熱意や思いやりに欠ける医療者は適切ではないとする考え方である。

　しかし、徳倫理では、さまざまな状況下で、医師が何をすべきかを具体的に示していな

第1章　総論──医療倫理／臨床倫理の基本的な考え方

い。また、有徳な医療者でも、間違った行動をとってしまうこともありえるため、徳倫理だけではよい倫理的判断を導けるわけではない。

(2)「徳」の種類

　歴史的に、さまざまな「徳」が提唱されてきた。例えば、ヒポクラテスの誓いでは「清浄」「敬虔」、世界医師会では「良心」「尊厳」、ナイチンゲール誓詞では「清らかさ」「誠実」などを挙げている。日本においては「思いやり」「献身」が大切な徳であると考えられている。

8 倫理4原則

1 自律尊重原則（Autonomy）

(1)自律尊重原則とは

「自律尊重原則」とは「意思決定能力のある個人は、自己決定をすることができる」「他者は、その自己決定を尊重しなければならない」ことを意味している。さらには、「自律の弱くなっている個人が、できるだけよい決定ができるように支援をすべきである」ことも含んでいる。

医療者は、患者本人の同意なしでは、手術などの侵襲的治療は行うことはできない。また、臨床研究においても、治験などの被験者に対して適切な説明をし、本人の自発的同意を得なければならない。先述のタスキギー事件（4ページ参照）において「被験者である黒人男性に研究の内容が知らされていなかった。また、彼らの自由な意思で研究参加したのではなく、それは半強制的だった」ことは、彼らの「知る権利」「選択する権利」が保障されず、自律尊重原則に反していたといえる。

患者が適切な自己決定をするためには、真実を告知すること、患者が理解できるように情報提供すること、患者が強制されずに自発的に決定すること、医療者は患者が間違った決定をしないように適切にアドバイスすることが重要である。また、「自己決定しない」という自己決定も尊重されなければならない。

(2)自己決定をするためには、意思決定能力が必要である

自己決定をするためには、意思決定能力（competence：自分が受ける医療やケアの内容が理解でき、それを受けるのか受けないのか自分で判断する能力）が必要である。すなわち、意思決定能力があって初めて自己決定の権利が保障される。

しかし、認知症やがんの末期などでは、この意思決定能力は損なわれてしまうことがある。意思決定能力がない場合には、自律を尊重するとかえって、患者の最善の利益を損なってしまうこともある。医療者には、判断能力が低下している人を保護しなければならないという義務もあるのである。そのようなケースでは、自律尊重原則ではなく、善行原則（本人にとっての最善の利益）を判断の拠りどころとせざるをえない場合もある。

第1章　総論──医療倫理／臨床倫理の基本的な考え方

■（3）自律尊重原則から導かれる権利

インフォームドコンセント（34ページ参照）の権利およびプライバシー権（守秘義務と個人情報保護〈43ページ参照〉）も、この原則から導かれる。

2　善行原則（Beneficence）

■（1）善行原則とは

善行原則は、恩恵原則ともいわれている。医療者は、患者の利益・幸福のために、「善を促進する」「害を防ぐ」「害を除去する」といった積極的な「善い行為」をすることが求められている。したがって、先述のタスキギー事件において、「梅毒の治療薬であるペニシリンが発見されたにもかかわらず、治療薬が与えられなかった」ことは、明らかに善行原則に反する。

そして、その「善い行為」とは医療専門家の視点ではなく、患者の立場に立った「善」である必要がある。

■（2）何が「最善の利益」か

何が「最善の利益」かについて、患者と医療者の間で合意が必要である。まず、本人の病識（病気についての認識）を確認し、今後の治療に対する要望、例えば治療目標は何か、などを理解する。そして、疑問や不安な点について耳を傾け、本人の価値観を尊重した、本人にとって一番よいと思われる治療方法を提案する。もし、患者が不適切な選択をするようであれば、医療者は説得し、話し合いを重ねる必要がある。

合意のプロセスにおいては、特にコミュニケーションが重要である。共感を伴ったコミュニケーションによって、両者の対立を防ぎ、互いに歩み寄ることができるようになる。

3　無危害原則（Non-maleficence）

無危害原則は侵害回避原則ともいわれている。この原則は善行原則とコインの裏表の関係にあるといえる。上述の善行原則が積極的に善を促進することを促しているのに対して、「少なくとも害を為すな（Do no harm）」「少なくとも害を避けよ（Avoid harm）」ということを意味している。有害な行為を禁止することは、道徳の基本である。危害を避けることは、恩恵を与えることよりも、さらに厳格な倫理的義務である。

具体的には、医療者が無効な治療をしたり、悪意をもって診療にあたることを禁じている。医療専門家は、可能であれば、利用者に対して「よい医療」をする必要があるが、もし、

28　医療経営士●初級テキスト8

それが充分に効果をあげることができない場合であっても、「少なくとも害になるような行為は為すな」ということである。

したがって、医療者は、患者にとって少しでもよい結果となるように、患者が被る可能性のある害（身体的「危害」と精神的「危害」の両者を含む）を最小限にする努力をする必要がある。

4 公正・正義原則（Justice）

(1)公正・正義原則とは

公正・正義原則は、公平原則あるいは平等原則ともいう。公正・正義原則は人々を公平・平等に扱うことを要求している原則である。これは「『等しい』ものは等しく扱うべき」ことを意味している。人々は、価値あるものを平等に受け取る権利があるので、医療においても、平等に治療を受ける権利がある。同様な状況にある患者に対しては、同様な首尾一貫した医療が為される必要がある。しかし、この原則を実践するにあたって、何を基準として「等しい」とするのかが問題となる。

先述のタスキギー事件において、「すべての国民が平等に治療を受ける権利があるはずなのに、貧しい、あるいは黒人という理由で、半強制的に研究に参加させられた」ことは、公正・正義原則に反していた。

(2)希少な資源の公正配分の問題

医療資源が希少で限られている場合に、この公正・正義原則は特に問題となる。

歴史的に有名な事件として、1962年米国の「神の委員会」がある。当時、年間1万人が腎不全で死亡している状況において、世界初の外来人工透析センターがシアトルに開設された。透析機器が希少な状況にもかかわらず、多数の患者が殺到し、誰が透析を受けることができるのかを選別しなければならなかった。医師たちは医学的見地から患者を選ぶことを主張したが、7人の一般市民からなる委員会は、社会的価値によって候補者を選別（例えば、売春婦よりも家庭の主婦を優先）したために大きな問題となり、メディアから「神の委員会」と呼ばれ批判された。

最近では、脳死臓器移植における希少な臓器の配分の優先順位、新型インフルエンザワクチンの接種順位、医療費財政逼迫の折の高額な抗がん剤の使用などが、資源配分の問題としてとりあげられた。

また、日常の医療現場における人的資源の配分では、例えば人手不足の状況において、手のかかる重度の認知症患者に多くの時間を割いて、他の患者に充分に手がまわらないということは公正・正義原則にかなうのかといった問題もある。

第1章　総論──医療倫理／臨床倫理の基本的な考え方

▎(3)手続き的公正性

　しかし、実際上、すべての人を平等に扱うことは困難である。したがって、実質的な平等を徹底することが難しい場合には、せめて、その資源配分を決定する手続きだけでも公正にすることが正義にかなうことになる（実質的平等から手続き的平等へ）。

　そして、患者の医療上の必要性と、それによってもたらされる恩恵の大きさと程度および他の人が被る不利益の大きさや程度に応じて、医療資源や人的資源を割り振るべきであろう。

9 倫理4原則の対立

適切な倫理的判断をするために倫理原則は重要であるが、その優先順位はケースごとに異なり、また、倫理原則同士が対立する場合もある。

1　ケースごとに異なる倫理4原則の優先順位

倫理原則は、医療の実践において倫理問題に悩んだとき、今後の方針についてある一定の方向性を指し示してはくれるが絶対的なものではないし、決まった優先順位もない。また実際、臨床現場というものはケースごとに個性があり、常に不確実性がついてまわるものである。したがって、倫理原則を機械的に一律に、個々のケースに当てはめるのではなく、関係者間で充分なコミュニケーションをとり、それぞれのケースにふさわしい適切な判断の拠りどころとして用いる必要がある。

2　倫理4原則同士の対立

さらに倫理原則同士が対立する、すなわち、ある倫理原則に従えば、他の倫理原則には妥協せざるを得ないという状況にしばしば直面する。

(1) 自律尊重原則と善行原則の対立

ある臨床状況においては患者の願望を優先することが最も適切であるが、他の状況においては患者の最善の利益を優先することがより適切であるといった事態が生じ得る。例えば、合併症への恐怖のために手術をかたくなに拒否している患者のケースを考えてみよう。患者の自律（自己決定）を尊重することは倫理的によいことであり、また一方で患者の病気を治し、生命を生き長らえさせることも倫理的によいことである。ここでは、この2つの倫理的「価値」が対立する。患者の「手術を受けない」という自己決定を尊重すること（自律尊重原則）は、本人の命を縮めてしまう可能性があり善行原則に反することになる（図1-6）。

自律尊重原則と善行原則では、その患者のとらえ方において、まったく逆の視点に立っている。自律尊重原則においては、「患者は医学的情報を理解し、自分自身にとって何がもっ

ともよいのかを決定できる強い存在である」ととらえている。それに対して善行原則では、「患者は医学的知識に乏しく、保護されるべき弱い存在である」ととらえている。両者の視点のうち、どちらか一方だけが正しいというわけではない。患者が間違った判断をしないように、医師が支援したり説得しなければならない場合もあるし、また、患者のほうが自分にとって何が最善かを正しく理解している場合もある。

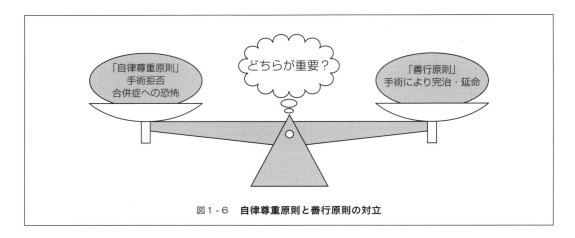

図1-6　自律尊重原則と善行原則の対立

(2)自律尊重原則と無危害原則の対立

例えば、動きまわる認知症の患者を拘束することは、本人を転倒や骨折の危害から守ることになるかもしれないが、本人の自由に行動する権利と抵触し、無危害原則と自律尊重原則が対立することになる。また、守秘義務（自律尊重原則から導かれる）を守ることによって、第三者である女性への危害（殺害）を招いてしまったタラソフ事件（44ページ参照）も、自律尊重原則と無危害原則が対立していたケースである。

(3)自律尊重原則と公正・正義原則の対立

また、選択に関する個人の決定の尊重が、他の多くの人々の公正への脅威となる場合がある。すなわち医療資源の公正な配分に抵触する場合などは、自律尊重原則と公正・正義原則が対立することになる。例えば、「万一、自分が脳死の状態に陥った場合、拡張型心筋症に罹っている友人になら臓器を提供してもよいが、他の人には提供しない」と臓器移植カードに記載する場合には、公平な臓器提供順位を守ること（公正原則）と、本人の自己決定（自律尊重原則）が対立する。

(4)善行原則と公正・正義原則の対立

公平に医療資源を配分すること（公正・正義原則）は、ある個人に善を与えるということ（善行原則）と相容れない場合もある。例えば、新型インフルエンザワクチン接種の優先順

位*に従うと、その年の大学受験生はワクチンが受けられず、受験の際のインフルエンザ罹患が心配であるといったケースである。

＊2009（平成21）〜2010（平成22）年は新型インフルエンザワクチンの不足が予測され、接種の優先順位が問題となった。

第1章　総論——医療倫理／臨床倫理の基本的な考え方

10 インフォームドコンセント

　臨床現場では、「I.C.（インフォームドコンセント）をとった」「I.C.は済んだ」等、毎日、インフォームドコンセントという言葉が使われている。自身の受ける医療についての「知る権利」「選択する権利」からなるインフォームドコンセントの権利は、倫理原則である自律尊重原則から導かれる。

　そこで本節では、倫理的・法的に適切なインフォームドコンセントについて考えてみたい。

1　インフォームドコンセントの意義

　患者は、自分の受ける治療に関して、充分な情報開示を受け、自身の価値観・治療目標に合わせて自分で決定する権利を持っている。

　よく、「患者の同意をとりつける」という言葉が用いられるが、それは、とりもなおさず「専門家である医師が薦める治療に、患者は同意するはずだ」という先入観が根底にある。これは必ずしも、インフォームドコンセントという概念の真意を表していない。正確にはインフォームドチョイス（informed choice / decision making）であり、患者は、インフォームドコンセント（医療同意：informed consent）することも、インフォームドレフューザル（医療拒否：informed refusal）することもありえる。すなわち、インフォームドコンセントに際しては、医療者と患者とのコミュニケーションが重要であり、その真髄は「患者と話し合いをし、患者から同意を得るプロセスそのものである」といえる。ただ単に、患者から書類のサインを得るためのものではないのである。

　実際の医療現場においては、患者自ら治療方針の決定に参加することにより、患者の自己管理の意識と治療への意欲を向上させることに役立っている。

2　歴史的背景

　患者の自律の尊重という倫理原則と、インフォームドコンセントを法的に義務づける（判例の蓄積）ことによって、患者は「望まない治療を拒否できる権利」が保障されている。歴史的には以下のような判例を通じてインフォームドコンセントの法理は確立していった。

34　医療経営士●初級テキスト8

インフォームドコンセント ❿

■ (1)シュレンドルフ事件(1914年)

　患者は、検査のための麻酔については同意したが、一切の手術をしないように要求していたにもかかわらず、医師は胃の腫瘍を摘出した事例である。判決は、「すべての健全な精神を有する成人は、自分自身の身体になされることに対して決定する権利を有する」と結論づけた。

■ (2)ネイタンソン事件(1960年)

　患者は、乳房切除後に放射線治療を受け、重度の火傷を負ったが、医師は、その内容やリスクを説明していなかった事例である。判決は、「各人は各々の身体をコントロールし、健全な精神を持つ者であれば、自己になされる医療に対して拒否をすることができる……医師の判断をもって患者の判断に代えることはできない」と自己決定権を保障した。そして、「病気の性質、治療の内容、成功の可能性または代替治療、そして身体に生じるかもしれない不幸な結果と、予期しない事態の発生について、なるべくわかりやすい言葉で患者に開示し説明するのは医師の義務である」とした。

■ (3)コンロイ事件(1985年)

　無能力者の宣告を受けているコンロイ氏に挿入された経管栄養チューブの抜去を求めて、後見人である甥が訴えを起こした事例である。判決は、「能力者は自己の身体をコントロールする権利を有し、インフォームドコンセントの法理はこの権利を守るために発展した重要な手段である」と述べている。さらに「能力者は死の危険があっても、一般的に治療拒否が許される。そして治療拒否権は、患者がもはやそれを行使できなくなっても(無能力)、失われない」とした。

3　インフォームドコンセントの構成要素

　インフォームドコンセントは、①情報の開示、②理解、③自発性、④意思決定能力、⑤同意の5つの要素から成り立っている。それは、「医師と患者が意思決定過程を共有すること」でもあり、医師は、充分な情報提供をし、繰り返し話し合い、患者の意見を聴き、また、患者に選択肢について教育したり、さらなる熟考を促したり、説得したりする。そして、患者は、自分の価値観や目標に応じて、自身の身体・健康に関する自己決定をする。

　また、自発性については、強要・嘘・不当な影響下にないことが必要である。

■ 開示すべき情報

①病名・病態、②検査や治療の内容・目的・方法・必要性・有効性、③その治療に伴う

医療経営士●初級テキスト8　35

第1章　総論──医療倫理／臨床倫理の基本的な考え方

危険性と発生頻度、④代替治療とその利益・危険性・発生頻度、⑤医師が薦める治療を断った場合、それによって生じる好ましくない結果、などを開示する必要がある。また、より大きな侵襲*を伴う治療法の場合には、たとえ頻度が稀であっても、深刻な危険については、患者と充分に話し合っておく必要がある。

4　インフォームドコンセント訴訟

　一般的には、医療行為に何らかの過失があった場合に訴訟は起こされる。しかし、インフォームドコンセント訴訟といわれているものは、医療行為そのものに過失がなくても、情報の適切な開示がなされていなければ、医師はその責を負うというものである。それは患者の権利である自己決定の機会（例えば、もし、その情報が開示されていたのなら、その治療に同意しなかったなど）を奪われたことになるからである。要求される情報開示の規準は、医師の裁量規準から、次第に患者の主観規準へと移ってきている。

＊手術・けが・病気・検査などに伴う痛み、発熱・出血・中毒など、肉体の通常の状況を乱す外部からの刺激をいう（松村明監修、『大辞泉　増補・新装版』、小学館、1998年）。

36　医療経営士●初級テキスト8

11 医療に関する意思決定プロセスと代理判断

患者本人に判断能力があれば、自身の受ける医療について自分で決めることができる。しかし、認知症やがんの終末期になると自己決定ができなくなり、意思表示もできなくなってくる。そこで本節では、医療に関する意思決定と、患者本人に判断能力がない場合の代理判断について概説する。

1 医療に関する意思決定

医療に関する意思決定は、本人に判断能力(意思決定能力)があれば、自己決定することができる。この自己決定権は、倫理原則(自律尊重原則)によって保障されている。また、法的には、判例によりインフォームドコンセントの法理という形で裏づけられている。

例えば、認知症の進行に伴って、判断能力は低下してくる。しかし、認知症があるだけで、「自分では判断できないだろう」と先入観をもって、本人の意思を無視して家族が何でも決めてしまうのは自己決定権の侵害になる。なぜなら、認知症高齢者すべてに、意思決定能力がなく自己決定が不可能というわけではないからである。

意思決定能力が不充分の場合には、本人が自分で何らかの意思を表明することができるように、意思決定の支援(=共有された意思決定Shared Decision Making)をする必要がある。

また、意思決定能力がないと判断された場合には、代理判断者による代理判断が行われる。その際、本人の意思を反映する事前指示などがあれば、それをできるだけ尊重するが、本人の意思が不明な場合には、自律尊重原則の例外として、善行原則(最善の利益判断)を判断の拠りどころとせざるをえない場合もでてくる。

2 意思決定能力

(1)「生活に関する判断能力」と「医療に関する判断能力」

①生活に関する判断能力

生活・療養看護・財産管理に関する判断能力を「事理弁識能力」と呼ぶ。事理弁識能力が

医療経営士●初級テキスト8　37

第1章　総論——医療倫理／臨床倫理の基本的な考え方

低下している場合には、診療契約や介護保険契約の締結、その報酬の支払いなどを後見人が代わって行うことができる成年後見制度を利用できる。

②医療に関する判断能力

この能力を「意思決定能力（competence）」という。自分自身が受ける医療について、説明を受けた上で、自ら判断を下すことができる能力を指す。したがって、必ずしも「法律的な能力」とは一致しない場合がある。例えば、医療についてのインフォームドコンセントが可能な人が、生活・金銭の管理ができないということがあり得るし、また逆のことも起こりえる。

（2）医療に関する意思決定能力

意思決定能力の構成要素（Appelbaum らによる）

「意思決定能力がある」というためには、以下の①〜④（⑤）の要素を満たす必要がある。

①選択の表明（Expression）

選択する能力とそれを相手に表明する能力。選択を医師や家族に委ねるというのも選択肢の１つである

②情報の理解（Understanding）

疾患・予後・治療法の利点と危険性・代替治療について理解する能力

③状況の認識（Appreciation）

その治療法を選択した場合、それが自分にどのような結果をもたらすのかを認識する

④論理的思考（Reasoning）

決定内容が自分の価値観や治療目標と一致していること

［（⑤）選択した結果の合理性（Reasonable）］

決定内容が客観的にみて、患者の最善の利益に一致し、合理的であること

ただし、（⑤）の選択結果が合理的であることが意思決定能力の構成要素であるべきかどうかについては意見が分かれている。

（3）意思決定能力は「特定の課題ごと」「経時的に」「選択の結果の重大性に応じて」変化する

意思決定能力は、程度の問題であり、その能力の有無を決める客観的合格ラインが存在するわけではない。また「特定の課題ごと」「経時的に」「選択の結果の重大性に応じて」変化するといわれている。したがって、自己決定を尊重する倫理の視点からは、意思決定能力を固定的に判断したり、総合的に無能力としてはならない。

医療に関する意思決定能力の評価は、原則的には主治医が行うが、評価が微妙な場合には、中立的第三者の医師に意見を求める。

38　医療経営士●初級テキスト8

(4) 意思決定能力のエンハンスメント

　意思決定能力は固定的なものではなく、エンハンスメント（強化）することができる場合がある。病状の説明・治療の説明などにさらに充分な時間を費やし、図やビデオなどの視覚に訴えるようなツールを用いることにより、患者の理解度を上げることができ、患者の不安を和らげることもできる。また、急性疾患や、疾患の一時的な急性増悪により意思決定能力が低下している場合には、それらの疾患を治療してから、再度、意思決定能力の評価をする必要がある。

(5) 意思決定能力の評価基準の相対化＝スライド尺度化（Sliding Scale）

　もし、客観的にみて本人の最善の利益に適わない決定をし、危険性の大きい選択肢を選ぶ患者には、より厳しい意思決定能力の評価基準を用いるべきであるという考え方もある（意思能力評価基準の厳格化・相対化）。

　評価基準を場面に応じて臨機応変に変えることは、患者の被る危険を減らすことができ善行原則に適うが、意思決定能力の評価そのものが非常に不安定なものになる、あるいは医師の先入観が入り込みやすい、パターナリズムへの逆行である、あるいは患者の自己決定権の制限となる、という反論もある。

3　代理判断

　患者に「意思決定能力」があれば、当然自己決定が尊重されるが、もし意思決定能力が不

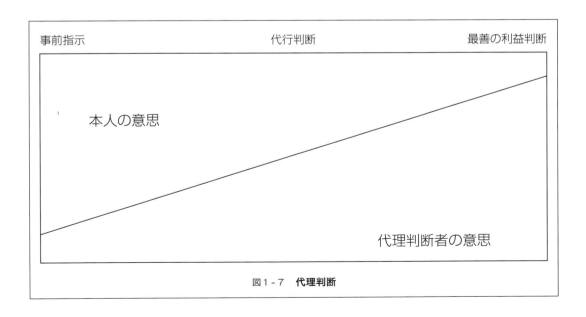

図1-7　**代理判断**

第1章　総論──医療倫理／臨床倫理の基本的な考え方

充分で、自己決定が不可能であると判断された場合には、①事前指示（Advance Directive）
の尊重、②代行判断（Substituted Judgment）、③最善の利益判断（Best Interest Judgment）、
の順に代理判断が実施される。事前指示が本人の意思をもっとも反映しており、最善の利
益判断に行くほど、代理判断者の意思が入り込む余地が多くなる（図1-7）。

（1）事前指示（Advance Directive）

事前指示とは「意思決定能力が正常な人が、将来、意思決定能力を失った場合に備えて、
治療に関する指示（治療内容・代理判断者の決定など）を事前に与えておくこと」である。
現在日本では法制化されていないが、米国においてはアドバンス・ディレクティブの権
利について入院時などに説明することを義務づけた患者自己決定権法（Patient Self-
Determination Act）が1991年に施行された。
事前指示には口頭によるものと、書面によるものがある。

①口頭事前指示

過去の会話などを根拠に、それを本人の口頭事前指示の内容であると推定する場合であ
る。その口頭指示が、実際に自分自身が病気の場合を充分想定してなされた会話かどうか、
現在の意思と変化していないかが問題となる。

②書面による事前指示

代表的なものに米国における「リビングウィル」と「持続的代理決定委任状DPA」がある。

ア　リビングウィル：万一自分が末期状態になった場合、延命治療を中止・差し控える
　　旨、医師にあらかじめ指示する書面である。その人が生きているうちに効力を発する
　　のでリビングウィル（Living Will、生前発効遺言）と呼ばれている。カリフォルニア
　　州のNatural Death Act（1976年）は、リビングウィルを法制化した代表的なもので
　　ある。リビングウィルを実行に移すためには、末期に署名が必要（＝これは意思決定
　　能力があることを意味する）である。

イ　持続的代理決定委任状（DPA：Durable Power of Attorney）：医療に関する任意の
　　代理判断者（Health Care Proxy）を指名し、自分が意思決定能力を喪失した場合、お
　　よび末期状態のとき、自分に代わって代理判断をしてもらう制度である。任意とは、「自
　　分自身の意思で」という意味である。

（2）代行判断（Substituted Judgment）

明確で具体的な事前指示がない場合、代行判断を実施することになる。代行判断とは「現
在意思決定能力がない患者が、もし当該状況において意思決定能力があるとしたら行った
であろう決定を代理判断者がすること」である。これは本人の意思を適切に推定すること
を意味する。代理判断者は、患者自身の価値観・人生観を考慮し、それと矛盾がない判断
を、本人に代わってなすことになる。

40　医療経営士●初級テキスト8

(3)最善の利益判断(Best Interest Judgment)

事前指示もなく、また本人意思推定による代行判断も行うことができない場合、「本人にとってもっともよいと思われる決定を代理判断者がすること」を最善の利益判断という。「その治療による患者への利益が、本当に患者の負担を上まわっているか」を医学的事実と患者のもつ価値観人生観を考慮し、患者本人の立場に立って考えることが基本となる。

最善の利益の判断にあたっては、家族・医師・看護師・介護担当者などの多職種関係者が、互いにコミュニケーションを深め、充分に話し合いをし、独断を避けることが重要である(協働的意思決定)。

(4)誰が代理判断者となるか

①代理判断者によって、医療やケアの内容が左右される

医療やケアの内容は代理判断者の価値観により左右される可能性があり、誰が代理判断者になるのかは大変重要な問題である。代理判断者には、本人の「最善の利益」に基づいて意思決定をするのにもっとも相応しい人、すなわち本人の価値観・人生観を知り、本人と信頼関係があり、利益相反がない人が望ましい。

また、成年後見人に関しては、現時点では、治療方針や終末期の意思決定に関する事項は代理権の内容に含まれないと考えられている。

②家族による患者意思の推定が許される場合

事前指示がなく、患者自身の意思が不明の場合、家族の意思だけで医療やケアの方針を決定してよいのかという問題もある。特に終末期の延命治療の判断については、さらに困難な課題である。一般的に、患者自身の意思が不明な場合には、延命治療の中止・差し控

表1-1　誰が代理判断者になるのか

家族による患者意思の推定が許される場合

(東海大学事件判決:1995〔平成7〕年)

①家族が、患者の性格・価値観・人生観等について充分に知り、その意思を的確に推定しうる立場にある
②家族が、患者の病状・治療内容・予後等について、充分な情報と正確な認識をもっていること
③家族の意思表示が、患者の立場に立った上で、真摯な考慮に基づいたものであること
④医師が、患者または家族をよく認識し理解する立場にあること

えはしないで、標準的治療＊が実施されるのが原則だといえる（疑わしきは生命の利益に）。しかし、客観的にみて、明らかに過剰な延命措置の場合もあり得るため、そのような場合には、東海大学判決のごとく、家族による患者意思の推定が許されると考えられる（表1-1）。

③代理判断者の役割はコミュニケーションの中心

家族が意思決定の1つの単位として機能することは倫理的には特に問題はないように思われるが、そのなかでコンフリクト（意見の不一致）があれば、優先順位をつけざるをえない状況が発生する。

今後の治療方針の決定において、代理判断者に期待される役割は、対話・コミュニケーションの中心的役割であり、関係者間の意見を調整することである。これにより代理判断者・家族・医師など、それぞれの個別責任の過度の重さが緩和されることになるし、独断を避けることもできる。

特に、終末期医療に関してコンフリクトがある場合、医療ケアチームは医療専門家の立場から、患者本人や家族が明らかに間違った選択肢をとらないように、適切かつ充分な「医学的アドバイス」をする役目をするが、今後の治療方針の最終決定者ではない。あくまで最終決定者は「患者本人」あるいはその「代理判断者」サイドであるため、代理判断者がコミュニケーションの中心となり、患者サイドの意見をまとめる必要がある。

そして、患者サイドと医療ケアチームの間で、意見調整ができない場合には、図1-8のように、倫理コンサルテーションや倫理委員会がアドバイスすることになる。

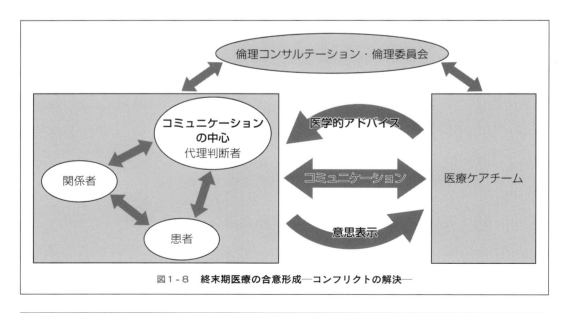

図1-8　**終末期医療の合意形成――コンフリクトの解決――**

＊標準的治療についての定義はないが、その時代・その地域の医療水準に沿った治療を指すと考えられる。医療裁判の過失認定における最高裁判決はその参考になる。「注意義務の基準となるべきものは、診療当時のいわゆる臨床医学の実践における医療水準である（中略）当該医療機関の性格、所在地域の医療環境の特性等の諸般の事情を考慮すべきであり、右の事象を捨象して、すべての医療機関について診療契約に基づき要求される医療水準を一律に解するのは相当ではない（平成7年6月9日第二小法廷）」

12 守秘義務／個人情報保護

　守秘義務と情報の開示・通報義務との間で板挟みになるケース（例えば、虐待や、違法薬物の使用が診療行為の過程で判明し、これを関係機関に通報するのかどうか等）は日常の医療現場で体験する。そこで本節では、守秘義務と個人情報保護について、どのような場合に遵守するのか、あるいは解除されるのかを概説する。

1 自分に関する情報を自分でコントロールする権利

　私たちは、倫理原則である自律尊重原則から、「自分に関する情報を自分でコントロールする権利」をもっている。これをプライバシー権（慣例によって、ここでは情報プライバシーを指す）と呼ぶ。そして、このプライバシー権から「守秘義務」や「個人情報保護」も導かれる。

　プライバシー権が尊重されることによって、われわれは気軽に病気や心の悩みについて、医師に相談でき、安心して治療が受けられる。すなわち、社会あるいは患者個々人は、医師をはじめとする医療関係者が、患者の秘密を守ってくれることを期待している。当初この義務は、絶対的義務と考えられていたが、現在では、ある状況下では守秘義務が解除されることがある、相対的義務と考えられている。

　また、現代の医療現場では、IT化や分業化・チーム化によって、非常に多くの人々が、患者の診療録にアクセスできるため、個人情報を厳格に守ることは、ますます難しくなってきている。

　さらに、在宅医療の現場においては、医療・介護従事者が、通常では入ることのない他人の家庭に入り込むため、患者本人および家族の多くの個人情報に触れることになる。

　それは医療・ケアに必要な情報（医療関連情報）から、家族や個人に関わる直接医療ケアに関係のない情報（経済的状況・家庭環境や家族の人間関係に関わる生活関連情報）にまで及ぶことになる。

第1章　総論──医療倫理／臨床倫理の基本的な考え方

2　守秘義務

(1)秘密と守秘義務

　「秘密」の定義とは「少数にしか知られていない事実で、他人に知られることが本人の不利益になるもの」である。

　守秘義務は、歴史的に医師の職業倫理として発展してきた。2000年以上も前のヒポクラテスの誓いにも「治療の機会に見聞きしたことや、治療と関係がなくとも他人の私生活について洩らすべきでないことは、他言してはならないとの信念をもって、沈黙を守ります」と記されている。その後医師だけでなく、他の医療関係者の間にも守秘義務の遵守が義務づけられ、また個人のプライバシー権(自分の情報を自分でコントロールする権利)として法的にも確立してきた。

　しかし、このように医療者の職業倫理として長い歴史をもつ守秘義務も、第三者に危害が及ぶ場合や、虐待など患者の権利侵害に関わる場合には通報の義務が生ずる。

(2)タラソフ事件

　これは、患者の守秘義務と、第三者であるタチアナ・タラソフ嬢への危害の防止が対立した事例である(1969年、米国)。

　精神科の患者であった大学生プロセンジット・ポダーは、心理学者(セラピスト)ローレンス・ムーア博士に対して、「ある未婚の女性が外国から帰国したら殺害するつもりだ」と述べていた。ポダーは具体的な名前はいわなかったものの、その女性が誰なのかは容易に確認できた。セラピストは警察に拘留を依頼したが、短期間の拘留の後、警察はポダーが理性的状態にあるとして釈放した。しかし、彼は結局帰国したタラソフを殺害してしまった。彼女の両親は「危険な患者を拘留しておかず、また本人や家族に危険を警告しなかった」として、臨床心理療法士の雇用者である大学を訴えた。この事件において、セラピストは患者の秘密を守るべきだったのか。あるいはタラソフ嬢に危険を警告すべきだったのかが問われた。

　判決の多数意見は、公衆が危険に晒されるのであれば、患者の保護的特権は消滅するとし、ポダーに対する守秘義務は免除され、狙われている第三者であるタラソフ嬢に対して警告義務があったとした。一方、少数意見として、もし患者の秘密が守られないとしたら、医療、特に精神科医療を必要とする人々が治療を求めに来なくなるとし、守秘義務の遵守を支持するものもあった。

　この判決以後、医療現場において、守秘義務を絶対的義務ではなく、相対的義務としてみなす傾向になった。特に、他に有効な方法がなく、第三者の潜在的危険が大きく、その発生の可能性が高い場合などに守秘義務が解除されると考えられている。

44　医療経営士●初級テキスト8

(3)守秘義務の遵守とその解除

①秘密漏示罪

　刑法134条は、「医師、薬剤師、医薬品販売業者、助産師、弁護士、公証人またはこれらの職にあった者が、正当な理由がないのに、その業務上取り扱かったことについて知り得た人の秘密を洩らしたときは、6ヶ月以下の懲役又は10万円以下の罰金に処する」とし、現任者及びその職を辞した者の秘密漏洩を罰している。また、介護保険法や他の資格法においても「正当な理由がなく、その業務上知りえた利用者又はその家族の秘密をもらしてはならない」としている。

②守秘義務の解除

　公共の利益に基づく届出義務(感染症など)や、正当な理由があれば、守秘義務は解除される。

　ここで、高齢者に対する虐待を例としてみてみよう。虐待には、身体的虐待・ネグレクト・心理的虐待・経済的虐待などがある。虐待防止法(正確には、高齢者虐待の防止、高齢者の養護者に対する支援等に関する法律)には、これらの虐待の事実を知った者の「通報」の義務が規定されている。まず、「養護者による虐待を受けたと思われる高齢者を発見した者は、高齢者の生命又は身体に重大な危険が生じている場合は、速やかにこれを市町村に通報する」という義務が課せられている(同法7条1項)。「それ以外の場合には、速やかにこれを市町村に通報する」という努力義務である(同法7条2項)。当然のことながら、これらの通報は守秘義務違反とはならない(同法7条3項)。

3　個人情報保護法

　個人情報保護法は、2017(平成29)年5月、改正法が全面施行されたので、以下は、改正法を前提に記述している(したがって、個人情報保護法・法というのは、改正法を指す)。

(1)個人情報とは

　「個人情報」とは、「生存する個人の情報であって」「一　当該情報に含まれる氏名、生年月日その他の記述等(中略)により特定の個人を識別することができるもの(他の情報と容易に照合することができ、それにより特定の個人を識別することができることとなるものを含む。)　二　個人識別符号が含まれるもの」(個人情報保護法2条)」である。

(2)個人情報保護法

　医療・介護を実施するにあたっての個人情報保護についての決まりは、改正個人情報保護法を受けて改正された、「医療・介護関係事業者における個人情報の適切な取扱いのた

第1章　総論——医療倫理／臨床倫理の基本的な考え方

めのガイダンス」(2017〈平成29〉年4月14日通知、同年5月30日適用)と「医療・介護関係事業者における個人情報の適切な取扱いのためのガイダンスに関するＱ＆Ａ(事例集)」(2017〈平成29〉年5月30日適用)に示されている。

①個人情報の保護

　ア　利用目的の特定(法15条)

　個人情報は、本人の治療やケアという目的で使用され、医療ケアチーム内で共有する場合は、特に大きな問題はない。

　イ　目的外使用禁止とその除外規定(法16条)

　本人の治療・ケア以外の目的で使用される場合には、目的外使用となる。目的外使用する場合には、本人の同意が必要である。また、本人の同意がなくても、目的外使用ができるのは以下の場合である。

　除外規定：人の生命、身体または財産の保護に必要な場合であって、本人の同意を得ることが困難であるとき／公衆衛生の向上のために特に必要がある場合／法令で定めた義務を遂行する場合

　ウ　第三者提供禁止とその除外規定(法23条)

　医療ケアチーム以外の人が利用する場合には、第三者提供となる。第三者提供の場合には、本人の同意が必要となる。

　例えば、Ａ病院の患者が、Ｂ介護施設に移るとき、本人に関する情報を提供する際には、あらかじめ本人の同意を得る必要がある。これは、第三者提供は原則として本人の同意を得ることが必要だからである。また、学会誌などの論文において、本人の写真を掲載する場合、個人を識別できるものであれば個人情報となり、第三者の閲覧に供する場合には、本人の同意が必要ということになる(なお、研究における個人情報の扱いについては、「各学会活動における個人情報の取り扱いと配慮について」〈日本医学会連合〉を参照しなければならない)。

　また、本人の同意がなくても、第三者提供ができるのは以下の場合である。

　除外規定：人の生命、身体または財産の保護に必要な場合であって、本人の同意を得ることが困難であるとき／公衆衛生の向上のために特に必要がある場合／法令で定めた義務を遂行する場合

②個人情報の本人への開示(法25条)

　患者の個人情報は、本人の求めに応じて、本人に開示されなければならない(本人に対する開示の義務)。したがって、カルテなどに記載されている医療情報は原則、本人に開示されることになる。

46　医療経営士●初級テキスト8

守秘義務／個人情報保護 ⑫／「医療者―患者」関係 ⑬

⑬ 「医療者―患者」関係

　医療機関の経営管理（マネジメント）に関わる者も医療関係者の1人である。そこで本節では、医療現場における適切な「医療者―患者」関係について考えてみたい。

1　医療者の法的義務

　医療者は、患者に治療を提供する、あるいは治療を継続する法的義務を負っている。それは、公法上においては、医師法の応召義務であり、また、私法上においては、準委任たる医療契約上の義務である。前者の公法上の義務とは、国家が医師に診療を義務づけるという意味である。しかし、応召義務が公法上の義務であるとしても、患者保護の側面から、医師の過失が推定される場合には、正当性についての反証がない限り、医師に民事上の責任も生ずる。

　後者の私法上の義務は、患者個人に対する善良な管理者としての注意義務を指し、標準的医療水準に見合った医療を提供する義務である。すなわち、民法上の過失責任の前提となる注意義務を指す概念で、その人の職業や社会的地位から考えて普通に要求される程度の注意義務（善管注意義務）を意味する。

2　医療者の倫理綱領

　患者が安心して適切な医療を受けるためには、医療者との関係は、たいへん重要な要素である。「医療者―患者」関係は、今後の治療方針の決定、さらには病気の経過や治療効果にまで影響を与える。

　世界医師会（WMA）によるジュネーブ宣言は、医師の一人としてのあるべき姿を示している。具体的には、人類への奉仕、人命の最大限の尊重、良心、守秘義務などを謳っている。

　世界医師会（WMA）によるリスボン宣言においては、さまざまな患者の権利を保障している。医師は患者の自律を尊重し、患者の最善の利益のために行動すべきであり、患者には良質な医療を受ける権利、選択の自由や自己決定の権利、尊厳が守られる権利などが保障されるべきであるとしている。

医療経営士●初級テキスト8　47

また、現在、さまざまな医療専門職集団が、患者の権利に配慮したよい「医療者―患者」関係を構築するために、職業倫理綱領や指針をつくっている。

例えば、日本医師会の「医師の職業倫理指針」(第3版、2016〈平成28〉年10月)においては、医学知識・技術の習得と生涯学習、研究心と研究への関与、医師への信頼の基盤となる品位の保持の他に、患者の権利の尊重および擁護、病名・病状についての本人および家族への説明、患者の同意、守秘義務や個人情報保護などについて言及している。また、日本看護協会の「看護者の倫理綱領」においては、①生命、人間としての尊厳および権利の尊重、②平等な看護の提供、③信頼関係の構築、④知る権利および自己決定の尊重、⑤守秘義務の遵守などについて定めている。

その他、日本薬剤師会、日本臨床衛生検査技師会、日本心理療法学会、日本介護福祉士会など多くの医療専門職集団が倫理綱領を定めている。

3　「医師―患者」関係の歴史的変遷

「医師―患者」関係は、歴史と共に変遷してきた。それは、医師が、親のように患者に善を施すヒポクラテス的医の倫理(パターナリズム)から、患者の自己決定やインフォームドコンセントの権利を重んじる自律尊重へと変化してきた。これは、医療を受けることが権利として確立し、患者の権利意識の高まりにより、個々の患者の価値観が多様化してきた結果といえる。医師－患者関係のモデルとして、ヴィーチのモデル【技術者モデル・聖職者モデル・同僚モデル・契約モデル】、エマニュエルのモデル【パターナリズムモデル・審議モデル・解釈モデル・情報提供型モデル】などが提唱されてきたが、ここでは、日本医師会かかりつけ医研修において、われわれが提唱した医師－患者関係モデル【パターナリズムモデル・相互参加型モデル・情報提供型モデル】に沿って概説する(図1-9)。

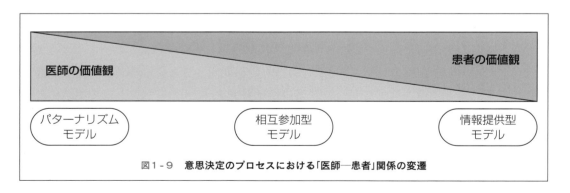

図1-9　意思決定のプロセスにおける「医師―患者」関係の変遷

(1)パターナリズムモデル

ヒポクラテスの誓いに「私は能力と判断の限り患者に利益すると思う養生法をとり、悪

くて有害と知る方法を決してとらない」とあるように、歴史的に、医療倫理の考え方は「自律尊重原則」よりも、医師の「善行原則」中心であった。専門家である医師が考える治療は、患者にとって、最善であるという考え方である。「まるで、子供の両親が、子供にとって最善の判断をすることができる」という考え方に似ているので、「パターナリズム」と呼んでいる。

パターナリズム的考え方においては、患者に真実を知らせると、動揺したり悲嘆にくれるので、医師が選別した情報だけを患者に与える温情的干渉をよしとした。そして、患者に自分で判断をさせないで、すべてを医師が決めたほうがよい結果になり、患者は医師の薦めに従うことがよいとされた。

このパターナリズムモデルは、一刻の猶予もない救急医療の現場や急性疾患の治療の場合には有効ではあるが、患者の自己決定の権利を尊重した現代の臨床医療にふさわしいものとはいえなくなってきた。

▌(2)情報提供型モデル

情報提供型モデルは、権威的パターナリズムに対する反論*を踏まえて、患者による自己決定を中心としたモデルである。医師はもっぱら医学の専門家として精確な情報提供に専心し、今後の治療方針を決定するのは患者であるため、科学者・技術者モデル、(患者の立場からは)消費者モデルとも呼ばれる。

このモデルにおいては、患者が自己決定をするために、医師はすべての情報を選別せずに提供する。最終決定は、患者が自身の価値観で行い、医師の価値観は考慮されない。したがって、医師と患者の間に価値観の共有はない。医師は医学的事実のみに忠実となり、道徳的価値判断を放棄していることになる。このような「医師―患者」関係においては、共感のある温かい人間関係や相互理解の欠落が起こりえる。

▌(3)相互参加型モデル(Shared Decision Making)―「分担された意思決定」から「共有された意思決定」へ

医師の考え方や価値観だけが強調されるパターナリズムモデルや、反対に、患者の考え方や価値観だけが強調される情報提供型モデルという両極端な「医師―患者」関係への反省から、医師と患者双方が意思決定に関与する相互参加型モデル(Shared Decision Making)が提唱された。

Sharedという言葉のもつニュアンスの微妙な違い(分担〜共有)から、相互参加型モデル(Shared Decision Making)には、医師の価値観をあまり提示しない、より情報提供型

＊反論とは「治療によるリスク・ベネフィットを明確に提示するのは医師の役割だが、手術の危険性や薬の副作用が、生存期間や症状の改善に見合う程度のものかどうかを決めるのは、本人であるべきである。患者は、必ずしも、医療に関して賢明な判断ができない存在だと決め付けることはできない」というものである。

第1章　総論──医療倫理／臨床倫理の基本的な考え方

モデルに近いものから、医師の価値観を患者に薦めるパターナリズムモデルに近いものまで、その意味するところの範囲は広い。

①分担された意思決定

　相互参加型モデル（Shared Decision Making）を「分担された意思決定」と解釈する立場では、医師・患者双方が今後の治療方針における意思決定に参加するけれども、医学的事実判断は主に医師が、価値判断は主に患者が分担するという意味において、より情報提供型モデルに近い。

　「分担された意思決定」においては、患者は、医師との対話により自身の価値観を明確にする（翻訳・解釈モデルともいわれる）。そして、相互参加が強調されてはいるが、最終的価値判断においては患者の主体性が優先される。このモデルにおいては、医師はカウンセラー的役割を担い、指示的発言はしないため、もし患者が誤った判断をした場合には、よい「医師─患者」関係を築くためには充分とはいえない。

②共有された意思決定

　相互参加型モデル（Shared Decision Making）を、「共有された意思決定」と解釈する立場では、より相互参加・協働的プロセスやコミュニケーションが強調され、「対話型モデル」と言い換えることもできる。

　「共有された意思決定」においては、価値判断の基本的枠組みは患者が決めるが、相互の対話をより強調することにより、患者が自身にとって不利な治療法を選択した場合には、医療専門家の良心として説得をする必要がある。この説得により、患者の価値観は変化する余地があり、最終決定の変更を促すことも可能である。そして、患者からの同意の下に、個々の状況における具体的な治療を医師が実践していく。もし、両者の価値判断に不一致（コンフリクト）が生じた場合には、中立的第三者を交えて話し合いがもたれることになる。

　しかし、対話に際して医師が、一方的に意見を押しつければパターナリズムモデルの弊害に陥るし、また、患者と距離を置きすぎれば、情報提供型モデルのように、医師─患者関係が疎遠になりすぎる。

　したがって、適切な「共有された意思決定」を実践するためには、信頼関係に基づいた「徳の倫理」という考え方が必要となる。医師の共感や思いやりといった「徳」を伴ったコミュニケーション・信頼関係が、患者に医師のアドバイスを受け入れる余地をつくることになる。

(4) 振り子モデルとしての「医師─患者」関係

　「医師─患者」関係は、図1-10のように、相互参加型モデルを中心として各々の臨床の状況に応じて変化し、固定的ではない。振り子のようにパターナリズムモデル─相互参加型モデル─情報提供型モデルの間を行ったり来たりする。それは、①個々の患者の性格、②疾患（病状）、③時期（病期）、④周囲の情況などによって変化し、また、⑤同一患者にお

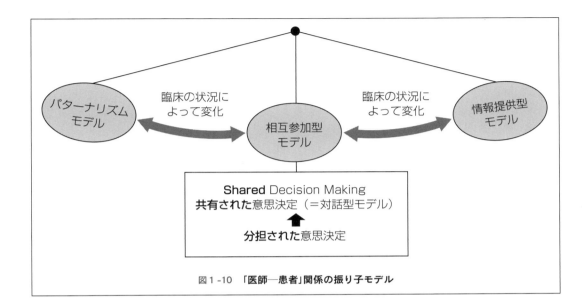

図1-10 「医師―患者」関係の振り子モデル

ける、1つの意思決定のプロセスのなかにおいても、「揺れる想い」として振り子の針のように揺れている。

(5)チーム医療

　それまでは、1人の医師対患者という構図で捉えられてきた「医師―患者」関係は、医療の高度化・専門化のために多くの医療者が関わることになり、複雑化し、チーム医療が不可欠となった。すなわち、「医師―患者」関係から「医療者―患者」関係へと変貌を遂げた。

　実際、1人の患者を中心とした医療を考えるとき、医師だけでなく、看護師・検査技師・放射線技師・薬剤師・事務職・介護専門家・福祉専門家など、多くの医療従事者が関わることになる。チーム内で意見の不一致(コンフリクト)がある場合には、患者に不安や動揺を与える結果となるため、チーム医療を実践するすべての人々の視点が、中心となる患者に向けられ、チーム内での意見の不一致がないことが望ましい。

4　信認関係

(1)信認(信託)関係(fiduciary relationship)とは

　適切な相互参加型モデル(Shared Decision Making)を実践するには、医師と患者の間に信認(信託)関係(fiduciary relationship)が必要である。医師が患者に対して信認義務を負っているということの意味は、医師は患者の最善の利益・幸福のため行動し、患者の尊厳に配慮しなければならないということである。

第1章　総論──医療倫理／臨床倫理の基本的な考え方

　そのためには、医師は、正しい臨床上の判断をするための専門知識や専門技術の研鑽をし、また、患者の立場に立った適切な情報公開・意思決定の支援（インフォームドコンセント）を実践し、守秘義務を遵守し、本人の立場に立って医療を提供する必要がある。これらは、先述の専門職としての倫理規範においても述べられている。

　また、信認関係は、専門職関係としてだけでなく、人間関係として医師─患者関係を見つめ直すこともできる。すなわち、医師は病気だけでなく、患者の生活全般・包括的個人として関心を持ち、配慮する必要があるということである。医師は、医療に関する専門知識は有しているけれども、1人の人として、医師と患者の間には、上下関係もなければ、主従の関係もない。患者は自律的であり、医師の専門知識の助力を得て、自分の医療に関する自己決定は達成される。医師が患者の意向（価値観）をよく理解し、かつ医学的介入が患者の選択・価値観・ニーズを充足することによって、患者の満足度や治療の意義は初めて実現される。

　信認（信託）関係においては、受託者（医師）は、自己の利益を二の次にして、委託者（患者）の最善の利益を求めて行動しなければならない。一般のビジネス上の人間関係よりも、受託者に求められる倫理的水準は高い。なぜなら信認関係は、尊厳や信頼の上に成り立つ契約だからである。したがって、ビジネス上の信用関係とは異なる。このような理由で、医療をビジネスという枠組みで単純に捉えることは危険である。

(2)ビジネス（信用）関係との違い

　実際、介護保険サービスの領域では、民間活力の活用という形で、ビジネス化が起こっているし、医療においても、しばしば「ビジネスチャンス」という言葉が聞かれ、「医療特区」などの試みもある。しかし、信認関係にある「医師─患者」関係は、「生産者（サービス提供者）─消費者関係」ではない（しばしば医療消費者としての患者の権利という言葉が使われるが、それは「医師─患者関係」の一部を表わしているにすぎない）。したがって、ビジネス界では、当たり前と考えられている多くの活動が、医療本来の目的や理想と相容れない可能性がある。

　ビジネス上の人間関係においては、経営者は顧客の利益よりも自分自身や会社・株主の利益のために行動し、また、利益を生む市場だけを対象にし、利益にならない部門からは撤退する。さらに、売り上げを伸ばすために広告をする。しかし、医療は、利益になる患者だけを対象にすることは許されないし、経営効率のよい診療科や検査・治療だけを残し、あとは切り捨てるということも許されない。医療は、商品ではなく、適切な医療を受ける国民としての当然の権利であり、生存権とも関係している。医療に関しては、すべての国民が平等なアクセス権をもち、国民は健康に生きる権利をもっている。そして、医療の目的は患者の福利・安寧であり、利益は主目的ではなく、二次的に付随してくるものと考えるべきである。

52　医療経営士●初級テキスト8

ただ、医療機関の経営が不健全な場合には、患者が継続して適切な医療を受けることに支障をきたす可能性もあるため、経営の健全化を無視することはできない。共感を伴った信認関係に基づいた、よい「医療者―患者」関係は、医療の質・サービスの向上、患者の満足度の向上、経営の健全化にも貢献し、患者に安心して医療を受けてもらうことにもつながる。

5 医療経営士と医療者との関係

医療経営士は「医療者―患者関係」を理解し、それらがうまくいくようにマネジメントを通じて関与していくことが大切である。そして、自分自身も医療関係者の一員であることを忘れずに、患者とだけでなく医療者とも適切な信認関係を築くことが必要である。

そして、医療契約の本質は、患者の尊厳に配慮する信認関係（fiduciary relationship）であることを十分理解し、医療機関の利益追究が第一目的ではなく、委託者（患者）の最善の利益を求めて行動しなければならないことを常に念頭に置くべきである。一般のビジネスと比べて、受託者に求められる倫理的水準が高いのはそういった理由である。

もちろん医療機関の経営の健全化は、患者が継続して適切な医療を受けることに寄与すると同時に安心感を与えることができることに役立つ。よりよい医療経営マネジメントは、患者の治療に役立つ新しい高度医療機器の設備なども充実させることができ、医療の質・サービスの向上に寄与し、患者の期待に応えることができる。と同時に、医療者も安心かつ自信をもって患者に医療を提供できるようになる。

したがって、医療経営のマネジメントは、医療機関の利益追究のためになされるのではなく、医療者が安心して適切な医療を提供できるようにするためのものであり、その結果、患者の満足度を高めることを目的とするものであるべきである。

6 「医療者―患者」関係におけるさまざまな問題

「医療者―患者」関係が危機に瀕している現代において、以下のようなさまざまな問題が起きている。これらのケースにおいては、医療者と患者は、適切な信頼関係が構築されていない場合が多い。

▌(1)コンプライアンスが悪い患者（ノンコンプライアンス）

コンプライアンスが悪い患者（ノンコンプライアンス）とは、医療者の助言に非協力的な患者のことを指す。このような患者は、医療者の助言を理解しても、これを実行せず、それでいて、診療を引き続き求めることが多い。

ノンコンプライアンスは、一般的に、その患者の健康に有害であっても、生死に関わる

第1章　総論──医療倫理／臨床倫理の基本的な考え方

ほど重大でないような場合に生ずることが多い。

　医療者には、自身が最善と考える判断に基づいて、患者の利益になる治療を薦める倫理的責任があるため、ノンコンプライアンスという理由だけで、医療者が患者を退院させたり、見放す理由とはならない。また、法的にも、医療を提供する応召義務や善管義務（患者個人に対する善良な管理者としての注意義務）がある。したがって、医療者は、そのような患者に対して、委託された責任をいかにして果たすかについて慎重に考慮する必要がある。

　ノンコンプライアンスの原因として、社会的要因としては、①仕事（多忙）、②費用、③家庭環境、④生活習慣などがある。また、治療自体に関わる要因として、①その治療を患者が有効であると感じていない（自己判断による中止：self-regulation）、②治療に苦痛を伴う、などがある。

　さらに、「医療者─患者」関係もその原因となりえる。①患者個人に問題がある場合：a) 非協力的な性格　b) 治療について理解ができない、②医療者に問題がある場合：a) 治療について必要性や効果についての適切な説明がなされていない　b) 医療者としての"徳"が備わっていない　c) 努力・忍耐不足、③「医療者─患者」両者に問題がある場合：a) 相互に信頼関係が成立していない　b) 治療のゴールなどについて相互参加・対話・意思決定の共有（Shared Decision Making）意思決定の共有ができていない、などが挙げられる。

　医療者にとって、その個人は1人の患者として診察室のイスに座っているが、その個人にとっては、"患者である"のは、生活のほんの一部にすぎない。このようなノンコンプライアンスの患者に接する際には、患者を1人の生活者として見据え、その個人のもつ価値観や生活全般について配慮し、根気をもって対処する必要がある。

確認問題

問題1 倫理的ジレンマへのアプローチについて、誤っているものを選べ。

[選択肢]

①倫理的ジレンマとは、どちらが正しいのか一見しただけでは判断できない倫理的価値の微妙な対立を指す。

②臨床経験豊富な人の判断に従うことは正しいことである。

③現場のさまざまな問題を、直観だけでなく、論理的に分析することは解決に役立つ。

④臨床現場の問題は、医学的および倫理的に考えるだけでなく、法的視点で考えることが必要な場合がある。

⑤上記のすべて。

確認問題

解答 1 ②

解説 1

5節(18〜20ページ)参照。

　臨床現場には、どちらが正しいのか一見しただけでは判断できない倫理的価値の微妙な対立である倫理的ジレンマが多く存在する。

　臨床経験が豊富な人の判断は正しいことが多いかもしれないが、現在では、多職種による公平な意見交換や対話によって解決に結びつけるアプローチが望ましいとされている。そのためには、4分割表などを用いた事例の客観的・論理的な分析が必要となる。また、臨床現場における倫理的問題は、医学的にも法的にも、バランスのとれた解決方法と合意形成が求められる。

確認問題

問題2 倫理原則・徳倫理について、誤っているものを選べ。

[選択肢]

①タスキギー事件の反省に立って、倫理原則の①自律尊重原則、②善行原則、③公正原則がつくられた。

②タスキギー事件は、米国における梅毒研究で、黒人男性のみを被験者とし、本人の同意を得ないで実施された研究であった。

③タスキギー梅毒研究においては、治療薬のペニシリンが実用可能となっても、偽の薬が与えられた。

④徳倫理は、医療者が患者のために尽くすよい性格を持つことが重要であるとするもので、倫理原則より重要である。

⑤上記のすべて。

確 認 問 題

解答 解説

解答 2
④

解説 2

7節（24～26ページ）参照。

①○：倫理原則は、患者の権利侵害事件であるタスキギー事件の反省に立って、3原則①自律尊重原則、②善行原則、③公正原則がつくられ、その後、無危害原則が加えられ、4原則になった。

②○：タスキギー梅毒研究においては、被験者である黒人男性に、研究の内容が知らされていなかった。また、自由意思ではなく、半強制的だった。

③○：梅毒の治療薬であるペニシリンが与えられず、偽の薬が投与され、治療の機会が奪われ、多くの人が死んでいった。

④×：徳倫理は、ヒポクラテスの時代から重要視されてきた医の倫理であるが、倫理原則と優劣を比較するのではなく、両者ともに配慮する臨床実践が重要である。

第2章

各論──医療倫理／臨床倫理の具体的テーマとその課題・展望

1 生殖補助医療①──その特殊性と倫理

2 生殖補助医療②──倫理的問題と法的問題

3 出生前診断①──定義と方法

4 出生前診断②──倫理的問題と課題

5 遺伝医療・ゲノム医療、遺伝学的検査をめぐる倫理的課題

6 最先端医療──クローン技術・再生医療など

7 研究倫理

8 臓器移植

9 認知症ケアの倫理

10 終末期医療

11 事前指示とアドバンスケアプラニング（ACP）

12 成年後見制度

13 倫理委員会／倫理コンサルテーション

14 医療者の労働環境・安全──QWLの提言

生殖補助医療①
——その特殊性と倫理

　生殖医療は人の生命の誕生に関わる医療であることから、通常の臨床医学とは本質的に異なった倫理観が必要となる。それは生殖医療がすでに存在する個人を対象とするのではなく、生命の誕生そのものを対象とするからである。医師が患者に医療行為を施す時、「患者のために」「患者は待っていられない」という言葉がよく使われる。臨床医学では、医師が患者の求めに応じて、その時代における最高水準の医療を提供できる。しかしながら、生殖医療においてその治療の対象は、クライアントと生まれてくる子を含む家族である。
　さらに第三者の身体や身体の一部が医療手段として利用されることになれば、その提供者と家族も対象となり、患者と医師という1対1の関係だけでは完結することができない特性を有している。

1　生命倫理への問題提起

　英国の生理学者エドワーズと産婦人科医ステプトーが、1978年に世界で初めてヒトの体外受精・胚移植に成功し、ルイーズ・ブラウンが誕生した。エドワーズ博士は、ヒト体外受精の成功に遡ること20年程前より、ヒト受精の基礎研究を開始していた。ヒト卵胞卵の体外成熟、初期胚発育、胚盤胞の作成など、着々と実績を上げていた体外受精研究に対し、当初からローマ法王庁は人権に対する挑戦行為であると痛烈な批判を浴びせていた。公式見解として否定的立場を取ったのは、1987年3月に公表されたローマ法王庁の公式文書「生命誕生への尊敬心と出産の尊厳に関する指示書」においてである。「人間の生と死の運命をつかさどるのは神である。（中略）試験管内で育った受精卵はすでに生命を宿しているにもかかわらず、科学的物体として処理される。これは無防備な人間を殺すのに等しく、神の領域の侵犯行為である。良心を持たない科学は人類に滅亡をもたらすだけである」と述べ、現代医学の発展を人類の進歩と位置づける科学者に厳しい警鐘を鳴らした。もとより、この指示書の公表に至るはるか以前、体外受精の方法論の開発段階、つまり世界初の体外受精児の出産に至る研究段階から、法王庁は強い否定的見解を表明してきた。
　ローマカトリックに対して、英国国教会は体外受精について一定の条件下で容認するという柔軟な立場を取っていた。イギリス保健省は、体外受精に関する諸問題を統括的かつ一元的に解決する目的で、ケンブリッジ大学哲学科教授であるワーノック女史を委員長と

する「ヒト受精と胚発生に関わる医学・科学・倫理・法律について考察と勧告」の調査委員会を1982年に設置した。そして1984年、生殖補助医療と胚発生研究に関する64項目の提言を含むワーノック報告を提出している。

　その報告書の中で、前胚pre-embryoという概念が提唱されている。すなわち「胚は受精後最初の2週間は存在しない」とし、中胚葉性の原始線条（primitive streak）の出現をもって「胚」とするべきであるとし、体外受精卵を研究対象とすることは許されるとの考え方を示した。英国では、この報告を基本として制度を整備し、1990年には「ヒト受精と胚研究に関する法律、Human Fertilization and Embryology Act（HFEA）」を制定した。そして、翌年に「ヒト受精と胚を対象とした治療と研究に関する管理局、Human Fertilization and Embryology Authority（HFEA）」が設立された。この法律や運営機関による体外受精の管理は、生殖補助医療の歴史に残る偉業との評価が高く、体外受精を行う他の実施国に規制のモデルを提供してきた。

　ローマカトリック教会は、体外受精の研究の黎明期より批判的な見解を出してきたが、当時、バチカンといえどもこの先端医療技術がこれほどまでに家族観や社会観を大きく変えるようなことになるとは想像していなかったと思われる。この医療をめぐっては、現在、社会的、倫理的、法的な多くの問題が提起されている。クライアントが希望し、治療に同意すれば医療行為を受けることは可能であるが、生まれてくる子どもは医療行為実施の場に立ち会うことができず、子どもの同意を得ることはできない特殊な医療である。子の福祉を最優先するような倫理的な完璧性を追求できないと思われるヒト体外受精において、バチカンの生命の起源に対する一貫した立場は瞠目に値する。

2　生殖医療のもたらしたもの[1]

　これまでの生殖補助医療は、受精・着床といった生命現象の分子メカニズムの解明を待つことなく、臨床現場の不妊症に悩む夫婦からの切実な訴えに支えられることによって、実験的医療とも考えられる数々の試みが実施されてきた。現在の生殖補助医療の中核を担う体外受精・胚移植法も、この過程から生まれたといえる。しかしながら、生殖医療は他の医療とは異なり、世代の継承に関与しており、その治療結果が個体にとどまらず人類に継承されていくという特殊性をもっている。

　生殖医療において忘れてはならないことは、クライアントが希望し医療者が施術を提供できれば医療行為として成立するが、生殖医療においては他の医療とまったく異なり、新しい生命の誕生があることである。たとえ自己決定に基づく生殖医療であっても、生まれてくる子どもの同意を得ることはできないことを、まずもってクライアントも医療提供者も十分に認識しておく必要がある。また最近になり、着床前遺伝子診断や配偶子提供、さらには代理懐胎など、これら技術による新しい医療への臨床応用が試みられるようになり、

第2章　各論──医療倫理／臨床倫理の具体的テーマとその課題・展望

これらは胎児の選別、親子や家族という社会の枠組みを改変させるかもしれない問題を提起するようになってきている。

　生殖医療に携わる者にとって、生殖補助医療により出生する児の長期予後が不明であるばかりではなく、生殖細胞の人為的操作の影響が次世代以降に継続する可能性があることを認識することが大切である。これまでの発表では、体外受精や顕微授精を施行してはいけないというような身体的リスクは認められていない。現在、わが国の生殖補助医療に求められる最も重要な課題は、児と家族の長期フォローシステムを確立することである。これまでの報告は、生殖補助医療の技術統計といわれるものであり、生殖補助医療を受ける患者情報や生まれている子どものデータが集積されていないことが問題であった。そのため、日本産科婦人科学会は2007（平成19）年より、子どものデータも含めたオンライン登録を開始しており、生後1か月までの出生児の状況は把握できるようになっている。今後はわが国においても北欧諸国と同様に、公的管理運営機関などにおける国レベルでの児の長期予後調査が必要となるであろう。

3　生殖医療の特殊性[1]

　時空を超えた絶対的な倫理というものはなく、倫理観とは時代とともに、また技術開発とともに変化するものである。生殖医療技術の進歩は新たな倫理的問題や社会的状況を産み出すことになる。生殖医療における倫理問題は科学技術の進展と不可分であり、大きな影響を受けることになる。子どもは医療行為がなされる時点では現存せず、問題が顕在化する時の社会一般の状況や子の家庭的環境などは予想できないため、事前のリスク評価は困難である。そのため、考え得るあらゆる事態を想定した慎重な議論の後、子の福祉を最優先するような法益が考えられなければならない。

　生殖医療を希望するクライアントにとって、自己完結できる場合には彼らの希望が最大限に許容されるべきであり、自己決定権が尊重される。しかしながら、第三者を介する生殖医療の場合においては、子どもを持ちたいという幸福追求権は果たして保障されるべき絶対的な権利とは考えられない。子宮を摘出した女性が自分の子どもを持ちたいという自己決定権や幸福追求権は、憲法13条によっても保障されているとはいうが、自己決定権だけではその是非を判断できない場合がある。子どもをつくることは、クライアントにとって保障されるべき基本的人権であるのか、あるいは生殖に関わる倫理には生まれてくる子の同意を得ることができないという特殊性があることから、社会によって規制されることもあり得るのかといった根本的命題は、いまだ解決されていない。

　代理懐胎をはじめとする第三者を介する生殖医療は、わが国で長年築かれてきた親子・家族の社会通念を逸脱する可能性もあり、生まれてくる子どもの福祉が守られるような十分な配慮が必要であることは言うまでもないことである。また、これら自己完結すること

ができない生殖医療行為に関しては、幸福追求権や自己決定権のみでは必ずしも実施できるとは思われない。つまり、卵子提供や代理懐胎などの医療行為は、医学とはまったく次元の異なる問題であり、人権、社会的倫理、法的な観点から議論されるべきである。これら施術の応用の是非は、メディカルプロフェッションとしての学会によって決定されるべきではなく、社会的判断が必要となり、最終的には立法府にて広く議論されるべき問題である。

参考文献

1) 吉村泰典：生殖医療の未来学―生まれてくる子どものために―診断と治療社，2010

第2章　各論──医療倫理／臨床倫理の具体的テーマとその課題・展望

② 生殖補助医療②──倫理的問題と法的問題

1　生殖医療の倫理的諸問題[1]

　生殖医療の進歩により、さまざまな倫理的諸問題が起こるようになってきている。しかしながら、現在の生殖補助医療の問題は、進歩し確立されてきた医療技術の適応拡大という局面で生じたものであり、代理懐胎や卵子提供による体外受精が先進医療技術であると捉えるのは誤謬である。施術しかも適応拡大の判断に関しては、医学的というよりも、むしろ社会の合意が重視される問題である。施術にあたった医師が患者のために先端医療技術を駆使できないのは、基本的人権の侵害であるという者もいるが、自己決定権だけでは行使できない状況もあり得る。

　もう1つの問題は、出自を知る権利である。子どもに出自を知る権利を保障するためには、クライアント夫婦による真実告知が前提となる。これまでは提供精子による人工授精を希望するカップルは、子どもに真実告知をしていないケースがほとんどであった。もし子どもの出自を知る権利が認められることになれば、ドナーの匿名性は守られないことになる。いずれにしても、精子・卵子・胚の提供による生殖補助医療を受けて子をもちたいと考えているクライアント夫婦にとって、こういった医療を受ける前に、生まれてくる子には出自を知る権利があるとの認識が必要となる。国によって対応は異なっているが、出自を知る権利は子のアイデンティティや信頼に基づく安定的な親子関係の確立にとって大切な権利であると考えられる。これまで半世紀以上にわたって精子提供による人工授精を実施してきた慶應義塾大学病院においても、現在ではクライアントに対し、生まれた子どもに出自を知る権利があることを十分に説明している。また、将来の子どもの出自を知る権利の保障にも対応できるように、実施状況の詳細に関するデータは診療録とは別に保管し、長期のデータの保存に耐え得る体制を整えている。

　第三者を介する生殖補助医療においては、提供の対価も問題となる。配偶子の提供、特に卵子の提供に対しては、姉妹や友人でなければ無償での実施は極めて難しいと思われる。また、代理懐胎においては、妊娠と分娩という長期間にわたって女性を拘束することになり、経過中の医療補償を含め、対価が必要になることは容易に想像できる。しかしながら、配偶子提供や代理懐胎における対価の支払いは生殖ビジネスにつながり、結果的に「人を専ら生殖の手段として扱う」ことになってしまうとの懸念が多くみられる。こういった医

療を考える時、有償すなわち悪とするのではなく、一定の対価が必要となる場合もあるといった現実的な対応も考慮されてしかるべきである。それによって、無秩序で商業主義的な実施がかえって回避できるかもしれない。

2 生殖医療の法的問題[1]

わが国においては生殖補助医療に関連する法規制はまったく存在せず、日本産科婦人科学会の見解に委ねられている。同学会は体外受精・胚移植を含む生殖補助医療に関するさまざまな見解を示してきた。医療技術の進歩や時代の変化に呼応し、2006（平成18）年以降、さまざまな会告の改訂を行っている。これらの会告は、生殖補助医療の適応や実施医師や施設の要件、インフォームドコンセントなどを含んでおり、臨床実施の基盤となっている。しかしながら、学会は学術親睦団体であり、医療における施術の管理を行う組織ではない。そのため法的権限もまったく存在しないことより、違反行為に対して適切に対処することは困難である。

日本産科婦人科学会の見解は、わが国における生殖補助医療実施にあたって、事実上のガイドラインとしての役割を果たしてきている。しかし、これらの見解には法的な裏づけがなく、しかも学会が生殖補助医療を実施する医師に見解を遵守させる仕組みも持っていない。これまでわが国の生殖補助医療において、一定のガバナンスを発揮し、有効な手段として機能してきたが、これらの見解は生殖医療に携わる医師の立場から作成されたものである。生殖医療は医療だけの問題ではなく、人の生命観、家族観、倫理観など多くの問題を包含しており、見解の作成にあたってはクライアントの人権、生まれてくる子どもの福祉、その社会的環境など、さまざまな観点からの検討が必要となる。

特に、第三者を介する生殖補助医療に関しては、厚生科学審議会の専門委員会および生殖補助医療部会において、1998（平成10）年より5年余の年月をかけて検討され、精子・卵子・胚の提供などによる生殖補助医療の実施のためのガイドラインが作成された。また、法務省法制審議会においても、出生児の民法上の親子関係についての中間試案が発表された。これらの報告書に基づく法案が、2004（平成16）年の通常国会に提出されることが予定されていたが、現在まで法案は国会に提出されていない。

その後、日本学術会議は、法務大臣および厚生労働省からの連名で代理懐胎を中心とする生殖補助医療の課題についての審議の依頼を受け、代理懐胎の規制の是非について医学的側面、倫理的・社会的側面、法的側面より検討を加え、2008（平成20）年4月に提言をまとめている[2]。それによれば、代理懐胎については法律による規定が必要であり、それに基づき原則禁止とすることが望ましいとされた。営利目的で行われる代理懐胎には処罰をもって臨み、処罰は施行医、幹施者、依頼者を対象とする厳しいものである。ただし、厳重な管理の下での代理懐胎の試行的実施（臨床試験）は考慮されてよいとされている。母

第2章　各論──医療倫理／臨床倫理の具体的テーマとその課題・展望

体の保護や生まれてくる子の権利、福祉を尊重し、医学的、倫理的、社会的、法的問題を把握する必要性などを鑑み、先天的に子宮を持たない女性および治療として子宮の摘出を受けた女性に対象を限定している。しかしながら、代理懐胎に関しても必要な立法化に向けての準備は開始されていない状況にある。

　現在、自民党の生殖補助医療に関するプロジェクトチームが、第三者を介する生殖補助医療に関する法律骨子素案を発表している。精子や卵子提供は一定の条件下で認めているが、代理懐胎については言及していない。ただし、懐胎女性の搾取につながる、生まれた子どもの異常による引き取りの拒否、胎児の異常による中絶の強要などが起こり得ることから、女性や子の福祉に反するとして否定的な意見が根強い。施術を容認する方向で社会的合意が得られる状況となった場合には、学会が医学的見地より実施のためのガイドラインを整備する必要性が出てくる。

参考文献

1) 吉村泰典：生殖医療の未来学―生まれてくる子どものために―．診断と治療社，2010
2) 日本学術会議生殖補助医療の在り方検討委員会：代理懐胎を中心とする生殖補助医療の課題―社会的合意に向けて―.（2008年4月）

3 出生前診断①
——定義と方法

　近年の出生前診断技術の進歩により、多くの胎児疾患が診断可能となってきている。出生前診断は、主として羊水穿刺および絨毛採取によって胎児由来の細胞を採取したり、超音波診断により実施されてきた。これらの胎児疾患の中には、胎児治療により病態の回復あるいは進行の抑制から予後の改善が可能なものがあるため、胎児疾患の出生前診断の意義が認識されるようになってきている。また、新たな方法として、体外受精による初期胚から一部の割球を採取して行う着床前遺伝子診断が開発され、すでに世界各国で臨床応用されている。

1 出生前診断とは

　出生前診断とは、生まれてくる児の状態や疾患の有無をあらかじめ評価することであり、遺伝相談による児の異常発生の確率予想までも含まれる。しかし、一般的には妊娠・分娩に直接かかわる医療行為として行われる。①母体血や羊水などの検査による胎児異常の診断、②超音波などによる胎児の評価（胎児診断）、③着床前診断などを出生前診断と呼ぶ。
　出生前診断の対象疾患としては次のような先天性疾患が挙げられる。
①染色体異常：染色体の数的な異常によって、受精時に偶発的におきる疾患、ダウン症など。
②遺伝子病：遺伝子の異常によっておこる遺伝性疾患、筋ジストロフィーなど。
③先天性形態形成異常：受精卵から胎芽となる過程の発生学的な異常による疾患、臍帯ヘルニアなど。
④胎児病：子宮内で胎児に加わる異常によって起こる疾患、先天性風疹症候群など。
　このように、先天性疾患といってもすべてが遺伝性ではないので、遺伝子診断は出生前診断の一部に過ぎないことを理解する必要がある。

第2章　各論──医療倫理／臨床倫理の具体的テーマとその課題・展望

2　出生前診断の方法

(1)羊水検査

　妊娠初期から分娩に至るまでのすべての時期で実施されているが、わが国における出生前診断の多くは羊水染色体検査であり、施行件数は年間約2万件程度と推定される。多くは妊娠15〜18週に腹部皮膚の上から子宮内腔に針を刺して羊水を採取し、検査に供する。羊水に含まれる胎児由来の細胞を得て、染色体検査、遺伝子診断、生化学的検査が可能である。検査は胎児細胞を得て行うものであり、染色体のみならず、遺伝子等のゲノム情報も分析が可能である。

(2)絨毛検査

　妊娠9〜13週に行われるもので、細いチューブを胎児の周辺の絨毛部分に腹部から穿刺したり、経腟的に少量の絨毛を採取して検査に用いる。多くは遺伝子検査に用いるが、染色体検査も可能である。

(3)胎児採血・胎児生検

　胎児の臍帯に直接針を刺して採血する。または致死性の先天性皮膚疾患に対しては、皮膚の一部を採取する生検も行われている。

(4)母体血胎児染色体検査

　妊娠10週を過ぎると母体血中に胎児由来のDNAが存在することが知られており、2013(平成25)年にはわが国でも母体血胎児染色体検査(noninvasive prenatal testing：NIPT)が開始された。日本産科婦人科学会が一定の指針を示し、日本医学会との共同の基準を勧告し、21、18、13トリソミーの3種類の染色体異常を検査対象として臨床研究として実施された。

(5)超音波診断・画像診断

　急速な画像診断機器の発達により、胎児の異常を識別する機能が高まってきており、妊娠初期から末期に至るまでの各妊娠時期の成長度や各臓器形成度を詳細に評価することが可能となっており、さまざまな異常が妊娠中に確認されるようになってきている。近年はMRIを用いた画像形態診断も可能となり、形態異常診断と羊水検査を組み合わせた胎児のゲノム解析(マイクロアレイ、全ゲノム解析等)による異常の確定診断をすることも可能な時代となってきている。

出生前診断②──倫理的問題と課題

1 出生前診断の生命倫理的問題点

(1) 優生思想とのかかわり

　出生前診断により、胎児異常を早期に診断することは、腹壁破裂、横隔膜ヘルニアなどのように、よりよい医学的対応を可能とする意義がある。また、致死的異常が診断された場合を考え、母体保護法で人工妊娠中絶が可能である妊娠22週以前に診断される必要がある。すべての妊娠において早期からスクリーニングとして出生前診断を行うことは、異常児を早期診断し、胎内治療可能な疾患を発見できるといったメリットがある。一方、早期に胎児の異常が診断されると、健康な児を産みたい、異常児は産みたくないといった優生思想により、臨床的に対応可能な胎児が選別され、中絶されてしまう危険性をはらんでいる。

　母親の性や生殖に関する自己決定権は、リプロダクティブ・ライツと呼ばれており、憲法13条の個人の尊重・幸福追求権の規定に包括的な条文として含まれていると解する考え方もある。リプロダクティブ・ライツを前提に考えると、診断を受ける・受けない、そして産む・産まないの決断は、母親の意思が最も大切な要因となる。胎児に異常があった際に、人工妊娠中絶を実施するか否かは母親に委ねられている。しかし、リプロダクティブ・ライツは、社会的弱者である女性の権利を主張するものであることから、その権利によって虐げられる者の立場を考慮すべきであるとの考えも成り立つ。出生前診断における最も大きな倫理的課題は、胎児という母体の一部としてその時点では自己決定ができない状況にあるが、将来は1人の人間となり得る存在に対する診断行為であるということである。

　例えば、母体血胎児染色体検査 (noninvasive prenatal testing：NIPT) のような母体の採血といった簡便な方法で、効率よく染色体異常が診断されるようになれば、安易に妊娠中絶が行われるようになることが危惧される。すべての出生前診断にみられる生命倫理上の最も重要な問題は、「命の選別」という優生思想との関わりを避けて通ることができない点にある。

第2章　各論──医療倫理／臨床倫理の具体的テーマとその課題・展望

■（2）人工妊娠中絶

　出生前診断においてその倫理が問題視されるのは、結果として胎児が重い障害を持って生まれることが予想された場合、人工妊娠中絶を選ぶことが考えられるためである。生命の選別、妊婦の自己決定権と胎児の生存権の対立、優生思想につながる可能性などが指摘されている。

　人工妊娠中絶が許容されるのは、母体保護法に依拠する。人工妊娠中絶は、「妊娠の継続又は分娩が身体的又は経済的理由により母体の健康を著しく害するおそれのあるもの、もしくは暴行若しくは脅迫によって又は抵抗若しくは拒絶することができない間に姦淫されて妊娠したものに該当する場合」、本人および配偶者の同意を得て、母体保護法指定医師のみが行うことができる。しかし、わが国の法には人工妊娠中絶の条件に胎児条項がないため、出生前診断で高度な異常が発見され人工妊娠中絶を選択した場合、異常児の妊娠を継続することは精神的に耐えられないという母体条項や、経済的に異常児を育てることができないという経済的条項の転用で対応している。

　母体保護法で認められている人工妊娠中絶とは、「胎児が、母体外において、生命を保続することのできない時期（成育限界以前）に、人工的に、胎児及びその附属物を母体外に排出すること」と定義されている。母体保護法では、妊娠22週未満に出生した胎児は「流産」とされ、出生届を提出する義務はない。一方、死体解剖保存法によると、妊娠12週以降の死児は死体とされ、届出と埋葬を義務づけている。医学的な成育限界を大きく下回っている流産で生まれた死児にそのような法的義務を課している理由は、妊娠・分娩という人間の基本的な営みを管轄する社会行政的な意味合いだけではなく、小さな胎児であっても母体とのつながりを無視しない、人間としての倫理的判断があるからと思われる。

　わが国では人工死産や妊娠中絶は妊娠22週未満であれば法的に認められているが、あくまで母体保護の観点からの措置であって、胎児にその理由を求めることはできない。欧米でも同じく胎児条項は認めていない国もあるが、カトリックの宗教的背景を除くと、ほぼ中絶は一定の要件のもとに可能とされ、英国やフランスなどでは、胎児の重大な病態が認められるケースに限って、人工死産や人工妊娠中絶が認められるという社会的コンセンサスが確立している。また、これらの欧米諸国では、いわゆる胎児異常のスクリーニング、カウンセリング、精査検査、妊娠中絶に対しても公費が充てられている。

■（3）胎児の人権

　出生前診断の進歩により、治療可能な疾病・異常を早期に発見でき、しかも胎内にいる時点から治療対象になり得るようになっている。近年、さまざまな胎児治療が周産期医療の現場において試みられている。いまだ治療可能な疾患は限られているが、胎児治療にあたっては出生前診断の進歩が必須である。また、新生児を迎える親の立場、新生児医療の

70　医療経営士●初級テキスト8

立場からも、胎児の異常を早期に診断できることは、出産への準備・対応を決めるうえでも大切である。胎児の視点から出生前診断の意義を考えると、児の異常の受容を出産するまでの間に備えてもらうという心の準備と時間的な余裕、また事前の情報提供による理解と支援というステップを踏むことが可能となる。

　欧米では、胎児を1人の人間としてその生きる権利を守るプロライフ（pro-life：生命を守る原則論）と、産むか産まないかは女性の選ぶ権利の一部であるというプロチョイス（pro-choice：生殖にかかわる女性の自己決定権を守る原則論）との意見の対立がみられる。それに対し、わが国においては、治療可能な疾患をもった新生児の生死の判断においても、子どもの生きる権利が親の権利を凌駕することは例外的とされている。ダウン症候群の児をもった家族が、出生前診断がなされず中絶の機会を失ったと産科医を訴える裁判例がみられるように、胎児の権利が親の権利と同じ条件で議論される時代になっていないと考えられる。

　出生前診断がもつ、他の医療と異なる生命倫理的特徴は、胎児を対象とするところから、致死的疾患や極めて予後不良な事例において、その生命を抹消することを前提とした優生学的医療行為が行われ得ることである。出生前診断の臨床の場においては、胎児は母親とは異なった遺伝子をもつ1人の人間であるとしても、医療はすべて母体を介して行われるため、出生前診断を行うか、あるいは産むか産まないかの判断を下すのは母親である。母と子の命を対象とする周産期医療においては、母親の命を優先するという生命倫理的特徴があり、極言すれば出生前診断においても、胎児の生死が母親の手に握られているといえる。

　近年の胎児医学の発展により、すでに胎児は脳を含めた多くの機能の面でこれまで考えた以上の能力をもっていることが明らかになっていることを考えれば、出生前診断における倫理とは、共に生きる前提からの思考であるべきである。出生前診断をすることが人工妊娠中絶を前提とするならば、検査すること自体を見直さなければならないかもしれない。臨床の現場においては、胎児はどの時点からわれわれ同様に、人として生きる権利や医療を受ける権利を有するかということを、医学的のみならず、法的・倫理的にも考えていかなければならない。

2　出生前診断をめぐる課題

(1)遺伝カウンセリングの重要性

　出生前診断においては、多くの社会的・倫理的・法的な課題があることを認識しつつ、検査前のクライアントに中立的立場でさまざまな立場の意見や考え方、選択肢を提示することが必要である。最終的な決断を下すのはクライアント夫婦自身であり、最終的にその

第2章　各論──医療倫理／臨床倫理の具体的テーマとその課題・展望

選択を尊重する姿勢が遺伝カウンセリングでは求められる。すなわち遺伝カウンセリングとは、情報提供と心理社会的支援によって、次のステップへ納得して進むことを支援することといえる。この問題提起から選択肢の提示、さらにクライアントの決定に至るプロセスを相互に確認することが不可欠であり、心理・社会的援助も重要な要素である。

それぞれのクライアントが出生前診断に至る経緯と心理社会的背景は実に多様である。高齢で初めての妊娠、出生前診断についての知識もなく受診した場合、子どもが先天異常症を有していて出生前診断について詳細な話が聞きたいと受診した場合、あるいは妊娠後期になって超音波検査で異常が見出されての出生前診断の場合など、クライアントによって遺伝カウンセリングを受ける状況はまったく異なる。また、同じ医学的経過であっても、家族的、社会的な背景や価値観、障害や病気に対する見方、性格などは、当然のことながらすべてのクライアントで異なる。

出生前診断によって疾患が判明した場合、説明のためには疾患に関する最新の医学的情報を得ることが必要となる。その疾患の病因、頻度、自然歴、遺伝性、サポートグループの有無などについての最新の知見の説明や情報提供が、遺伝カウンセリングには要求される。また、出生前診断における疾患の診断には、限界があることも伝えなければならない。さらに疾患名は診断できても、知的障害などの臨床症状に幅がある疾患の場合、その子どもがその疾患を有しながら、将来どのように育っていくのかまでは、出生前にはわからないなどの事前の説明が大切である。

出生前診断においては、異常が認められた場合には妊娠の中断が考慮されることがあり、生命の選別という倫理的問題も含んでいる。重篤な疾患と診断された後に妊娠の中断を望む場合、どの疾患を重篤とするのか、どのような場合にその要望に応じるのかなどの明確な判断基準がなく、慎重な対応が必要となる。遺伝カウンセリングは、出生前診断におけるクライアントの不十分な理解や誤解による不利益を防止し、正確で十分な情報提供によって自律的な意思決定を支援するために大きな意義を有している。

■（2）規制と適応

現在の出生前診断においては、医学的適応がない限り、性別の診断や遺伝子診断は行わないことなどが不文律となっている。しかし、検査技術が進歩するにしたがい、また母体への負荷が少ない母体血胎児染色体検査（NIPT）のような簡便な方法が普及すると、重篤な遺伝性疾患にのみ適応するという規制の枠が緩み、軽微な異常の発見からさらにはより元気な子どもの選別へと適応が広がる危険をはらむようになる。出生前診断によって得られる情報は、障害どころか体質、発病の可能性、外形的特徴などに広がっていくと思われる。出生前診断・検査の当事者性が、限りなく多くの人々に拡散されていくことが考えられる。

出生前診断による選別は、致死的異常児を産まないというレベルから、21トリソミー

72　医療経営士●初級テキスト8

の場合は障害を持っているから、口唇口蓋裂の児は容貌が可哀想だからと段階的に変化していき、最終的には自分の望む子どもの出産へとエスカレートしていくことが予想される。いわゆる滑りやすい坂道(slippery slope)問題である。着床前診断という技術を用いて、実際にさまざまな血液疾患をもつ子どもを救うため、世界を見渡すと300例を超えるカップルが、骨髄移植ができる同胞、いわゆるデザイナーベイビーの妊娠を希望している。このような目的で人為的に子どもが生み出されることは、命や人間の尊厳といった倫理的原則から逸脱するとの考え方もあり、滑りやすい坂道に足を踏み入れる危険性をはらんでいる。

わが国におけるNIPTの臨床研究は、適切な遺伝カウンセリング体制を確立する必要があるとの目的で導入された。NIPTは、母体血のみで実施が可能であり、産婦人科以外の医師が参入する可能性も踏まえて、日本産科婦人科学会のみならず日本医学会も関与してきた。しかし、この規制はあくまでも学会ガイドラインによるものであり、同ガイドラインを遵守することなく実施しても法的な問題は生じない。実際に日本医学会が認可した施設以外で実施されていたことが報道されている。さらに今後、消費者直販型検査としての出生前診断が一般化する可能性も否定できないことから、学会ガイドライン以上に拘束力のある規制についても検討が必要な時期にきている。学会や医療行政による規制だけではなく、出生前診断に対する国民のリテラシーの向上が必要となる。その上で生命倫理的な観点から国民の広い議論が展開されなければならない。

■(3)社会的支援の重要性

出生前診断にて胎児に異常を指摘されたクライアント夫婦の心理的負担は大きなものがある。出生前診断にかかわる医療スタッフは、クライアントに心理的葛藤が生じることを理解し、いかに困難な状況への適応につなげられるかを考えるべきである。出生前診断を受けることを自らの権利として検査を行った場合、期待しない結果が大きな心理的負担となり、適応への阻害要因となる可能性は否定できない。この際、胎児の生命尊重だけを前面に押し出して説明を行った場合、カップルへの心理的負担を生み出す可能性があり、説明にあたっては多角的な視点が要求される。クライアントが産まれてくる子どもの出生後に不安を持つのは当然であり、医学的サポートのみならず、社会的な支援グループとの接触は重要となる。わが国においては、欧米諸国に比べて遺伝カウンセラーや障害児のサポートシステムが十分ではないが、障害に対する正確で偏りのない情報提供が必要である。

出生前診断や検査は産科領域で行われるが、産科の関与は出産後しばらくで終わり、その後の子どもの発達に関する支援は、医療ならば小児科、関連領域としては母子保健や乳幼児福祉の領域に委ねられることになる。そのため、出生前診断を実施する産婦人科医にとって大切なことは、障害があっても暮らしやすい社会を実現し、社会にみられる障害者に対する偏見や差別の改善に努めることにある。さまざまな障害のある人々との接点が限

第2章　各論──医療倫理／臨床倫理の具体的テーマとその課題・展望

定されている社会のあり方の変革、生物多様性に関する教育が大切となる。出生前診断の恩恵をわが国の妊婦に還元するためには、社会が障害者を正しく理解し受け入れる体制の構築が必要である。

出生前診断②——倫理的問題と課題 ④／遺伝医療・ゲノム医療、遺伝学的検査をめぐる倫理的課題 ⑤

⑤ 遺伝医療・ゲノム医療、遺伝学的検査をめぐる倫理的課題

　近年、個人のゲノム情報に基づき、個々人の体質や病状に適した、より効果的・効率的な疾患の診断、治療、予防が可能となる「ゲノム医療」への期待が急速に高まっており、特に、がんや難病の分野では、すでに実用化が始まっている。

　しかし、わが国では初等中等教育の中で「人の遺伝」について系統的に学ぶ機会が乏しく、誤解や偏見が多い上に、生涯変化せず血縁者にも影響を与え得る遺伝情報の扱い方には、倫理的課題も存在する。そこで本稿では、遺伝やゲノムについての用語を整理するとともに、遺伝医療・ゲノム医療、および遺伝学的検査をめぐる倫理的課題を理解することを目標に学習を進める。

1　遺伝学の基礎

▌(1) DNA、遺伝子、染色体、ゲノム

　まず、「DNA」、「遺伝子」、「染色体」、「ゲノム」の各々の定義を正確に理解するところから始めよう。「DNA」はデオキシリボ核酸、あくまでも化学物質で、これが数千、数万個集まってくると、1つの遺伝形質を決定する機能を有するようになる。これを「遺伝子」と呼ぶ。一番小さな遺伝子は1,000塩基対くらいで、一番大きいジストロフィン遺伝子は200万塩基対くらいであることがわかっている。そして細胞が分裂する時に、これらが顕微鏡で見えるようになり、ひも状のDNAが規則正しく折り畳まれて棍棒状のものになったものを「染色体」と呼ぶ。「ゲノム (genome)」は、遺伝子 (gene) と染色体 (chromosome) を合わせて新しく作られた用語で、その種が持つDNAの総体を表している。ヒトのDNAは約30億塩基対あり、その全体をゲノムと呼ぶ。すなわち、1〜22番染色体、X、Yに含まれるすべてのDNAがゲノムということになる。

▌(2) 遺伝と遺伝病

　「遺伝」は、親の形質が子に伝わる現象であるが、「遺伝病」は遺伝する病気のことではない。親が病気で子供も病気になるのが遺伝病なのだと考えている人が多いが、親が病気でなくても遺伝病の子は生まれている。遺伝病とは「遺伝要因 (遺伝子、染色体) がその発症

医療経営士●初級テキスト8　75

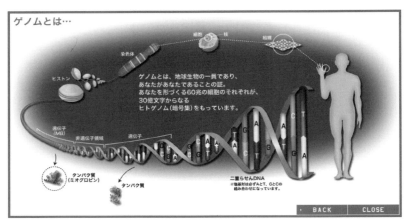
（出所：京都大学、ヒトゲノムマップ http://www.lif.kyoto-u.ac.jp/genomemap/）
図2-1　DNA、遺伝子、染色体、ゲノムとは

に関係している病気」のことである。両親の遺伝子に変化がなくても、精子や卵子が作られるときの突然変異によって、ある一定の頻度で遺伝病患者は生まれている。当然、誰にでも起こり得ることである。また現在は健康でも、成人になって発症する遺伝性疾患もあるので、誰もが、将来遺伝病を発症する可能性があるということになる。遺伝病というのは特別な家系の問題ではなく、すべての人に関係している問題であり、社会全体の取り組みが必要なのである。

(3)遺伝子関連検査

　遺伝子解析技術は、医療の場では、以下の3つの目的で用いられている。
① 病原体遺伝子検査(病原体核酸検査)：ヒトに感染症を引き起こす外来性の病原体（ウイルス、細菌等微生物）の核酸(DNAあるいはRNA)を検出・解析する検査
② 体細胞遺伝子検査：がん細胞特有の遺伝子の構造異常等を検出する遺伝子検査および遺伝子発現解析等、疾患病変部・組織に限局し、病状とともに変化し得る一時的な遺伝子情報を明らかにする検査
③ 遺伝学的検査：単一遺伝子疾患、多因子疾患、薬物等の効果・副作用・代謝、個人識別に関わる遺伝学的検査等、原則的に生涯変化しない、その個体が生来的に保有する遺伝学的情報(生殖細胞系列の遺伝子解析より明らかにされる情報)を明らかにする検査

　このうち、倫理的配慮が必要なのは、3番目の遺伝学的検査を行う場合である。遺伝学的検査により得られる遺伝情報には次のような特性があり、遺伝学的検査およびその結果に基づいてなされる診断を行う際にはこれらの特性を十分考慮する必要がある[1]。
・生涯変化しないこと(不変性)

遺伝医療・ゲノム医療、遺伝学的検査をめぐる倫理的課題 ❹

・血縁者間で一部共有されていること(共有性)
・発症する前に将来の発症をほぼ確実に予測することができる場合があること(予測性)
・不適切に扱われた場合には、被検者および被検者の血縁者に社会的不利益がもたらされる可能性があること(危害性)

2 遺伝医療・ゲノム医療の倫理的課題

(1)遺伝学的検査における「自律尊重」

　「自律尊重」の原則により、一般の成人に対しては、遺伝学的検査について十分な説明を行い、利点とリスクについての十分な了解を得てから行うということで、通常は大きな問題は生じない。しかし、他の血縁者の利益のために、知的障害を有する成人の遺伝学的検査を実施しようとする場合には、倫理的課題を考慮する必要がある。また、成人になってから発症する治療法が確立されていない単一遺伝子疾患において、発症リスクのある子供を対象とした発症前診断については、両親が決めるのではなく、子供が検査を受けるかどうかの選択ができる能力を獲得するまで、遅らせるべきであると考えられている。これは、子供の将来の自己決定権を侵さないようにという考えに基づく。
　自律尊重の原則も、一様に線引きすることは困難な場合があり、また子供が被検者の場合には、その検査、治療の有用性の評価が困難な場合があることにも留意する必要がある。

(2)遺伝情報の共有

　血縁者は遺伝情報を共有しているので、単一遺伝子疾患の場合、血縁者のうちの一人の遺伝情報が明らかにされた場合、他の血縁者の発症リスクが明らかになる場合がある。発端者(発症者)が、血縁者間で情報共有することを望み、血縁者がその情報を知ることについて同意している場合は特に問題は生じないが、発端者が血縁者への情報提供を拒む場合、医療者はどのように対応すればよいのであろうか？　日本医学会ガイドライン[1]には次のように記載されている。
　「被検者の診断結果が血縁者の健康管理に役立ち、その情報なしには有効な予防や治療に結びつけることができないと考えられる場合には，血縁者等に開示することも考慮される。その際、被検者本人の同意を得たのちに血縁者等に開示することが原則である。例外的に、被検者の同意が得られない状況下であっても血縁者の不利益を防止する観点から血縁者等への結果開示を考慮する場合がありうる。この場合の血縁者等への開示については、担当する医師の単独の判断ではなく、当該医療機関の倫理委員会に諮るなどの対応が必要である。」
　ゲノム医療時代においては、遺伝情報の共有をどのように進めるかは、大きな課題の一

医療経営士●初級テキスト8　77

第2章　各論──医療倫理／臨床倫理の具体的テーマとその課題・展望

つであり、このような問題に対応できる組織的取り組みがなされることが望まれる。

■（3）発症前診断

　一般に医療は、病気を発症している人に対して行われるが、ゲノム医療時代の医療においては、発症前診断の倫理的課題を考慮しておく必要がある。日本医学会「医療における遺伝学的検査・診断に関するガイドライン」[1]には、「発症前診断」について、下記の記述がある。

　「発症する前に将来の発症をほぼ確実に予測することを可能とする発症前診断においては、検査実施前に被検者が疾患の予防法や発症後の治療法に関する情報を十分に理解した後に実施する必要がある。結果の開示に際しては疾患の特性や自然歴を再度十分に説明し、被検者個人の健康維持のために適切な医学的情報を提供する。とくに、発症前の予防法や発症後の治療法が確立されていない疾患の発症前診断においては、検査前後の被検者の心理への配慮および支援は必須である。」

　発症前診断においては、遺伝学的検査を実施する前に、遺伝カウンセリングを通じて十分な情報を伝えた上で、検査実施の是非について自己決定してもらう必要があるが、同じ情報を伝えても、それをどのように理解し決断するかは多様である。また、伝えるべき情報は時々刻々と変化していることについて注意しなければならない。

　従来、有効な予防法・治療法がない疾患の場合、発症前診断は一般に考慮されてこなかった。しかし、疾患発症の分子機構が明らかになったことからさまざまな治療法開発が行われており、発症に気づいてからの対応では遅いような場合には、発症前に遺伝学的検査を行い、将来の発症が予知された場合には、治療を開始することも考えられる。「仁恵（善行）」の判断基準は常に変化していることについても留意すべきである。

■（4）出生前診断

　出生前診断の倫理的課題について、日本産科婦人科学会では、出生前に行われる遺伝学的検査および診断に関する見解（2013）[2]の中で、「出生前に行われる遺伝学的検査および診断には、胎児の生命にかかわる社会的および倫理的に留意すべき多くの課題が含まれており、遺伝子の変化に基づく疾患・病態や遺伝型を人の多様性として理解し、その多様性と独自性を尊重する姿勢で臨むことが重要」であることを述べ、さらに母体血を用いた新しい出生前遺伝学的検査に関する指針[3]の中で、「出生前診断を行うことにより、障害が予測される胎児の出生を排除し、ついには障害を有する者の生きる権利と命の尊重を否定することにつながるとの懸念がある。その簡便さを理由に母体血を用いた新しい出生前遺伝学的検査が広く普及すると、染色体数的異常胎児の出生の排除、さらには染色体数的異常を有する者の生命の否定へとつながりかねない。」と記載している。

　生命の選別を可能とする出生前診断を実施する際の唯一の倫理的根拠は、当事者の自己

決定権の尊重である。当事者が社会的風潮や他者からの圧力のない状態で、自己決定を行うためには、中立的な遺伝カウンセリングが実施されなければならない。

　倫理的課題として、出生前診断にはさらに悩ましい問題がある。胎児が重篤な遺伝性疾患に罹患しているとの結果が得られた場合、人工妊娠中絶を行うことが想定されているが、わが国の母体保護法には、胎児に異常があった場合には中絶してよいという胎児条項は規定されていない。また、重篤であるかどうかを誰がどのように判断したらよいかについても難しい問題である。当事者の判断に任せてよいのか、あるいはある程度、社会全体での合意が必要なのか。超音波技術やゲノム解析技術の急速な進展に伴い、胎児の情報が容易に入手できる時代を迎えており、出生前診断の倫理的課題について、より一層、議論を深めておく必要がある。

■（5）網羅的ゲノム解析の際の偶発的所見（二次的所見）

　次世代シークエンサーを用いてヒトゲノムを網羅的に解析する手法が開発され、すでに広く臨床応用がなされる時代を迎えている。網羅的解析の結果、当初の目的とは異なるゲノム情報が明らかにされることがあり、一般に偶発的所見あるいは二次的所見と呼ばれている。この偶発的所見をどのように扱うかについては、知る権利と知らないでいる権利、および何が当事者にとっての最善かなど倫理的課題を含め、臨床遺伝の分野で、大きな問題になっている。

　偶発的所見の取り扱いに関して、研究と臨床では大きく異なる。研究の本来の目的は科学的な真理を追究するものであり、用いる方法により結果や解釈が後に変更されることが常であり、結果を研究参加者に戻すことを前提にしていない。一方で、臨床では、確立した方法で診断や解釈が行われることを目的にしており、結果を被検者に戻すことを前提にしている。したがって、研究と臨床を同じ文脈で取り扱うことは基本的に困難である。

　欧米では、治療法・予防法があり、被検者にとって健康上のメリットがある疾患については、ゲノム情報を被検者に報告すべきであるとしており、開示すべき疾患リストも公表されている。しかし、わが国においては、遺伝学的検査の一部は研究として行われているという実態があり、臨床と研究とを明確に分けることが困難な場面もあることから、さらに問題を複雑にしている。わが国で遺伝医療・ゲノム医療を発展させていくためには、偶発的所見の取り扱いについて、アカデミアだけではなく、行政組織や一般市民を含めて、さまざまな観点から検討し、適切な体制整備を行っていく必要がある。

■（6）遺伝子差別

　昔から遺伝にはさまざまな差別がつきまとってきたが、現在でも就職や結婚での差別や、生命保険への加入拒否といった形で根強く残っている。米国では遺伝子差別禁止法が定められており、遺伝情報による差別的取り扱いの禁止、遺伝学的検査を要求することの禁止、

第2章　各論──医療倫理／臨床倫理の具体的テーマとその課題・展望

本人・家族の遺伝情報を要求することの禁止などが謳われている。一方、わが国ではまだ遺伝情報の利用に伴う差別に対しての法的な整備はなされていない。ここで注意しておかなければならないのは、遺伝子差別と障害による差別とは異なることである。遺伝子差別は、障害の起こる前に遺伝子情報・ゲノム情報により差別されることを意味している。近年の急速なゲノム解析技術の進展と普及により、個々人の体質や病状に適した、より効果的・効率的な疾患の診断、治療、予防が可能となる「ゲノム医療」が実現しつつある一方、両刃の剣の例え通り、不十分な社会環境においては、ゲノム情報が明らかになることにより、差別、排除されるリスクも生じてしまうのである。今後、わが国においても早急に遺伝子差別を禁止する法整備や遺伝・ゲノムについての正しい知識の啓発活動を推進していく必要がある。

3　おわりに

　以上、遺伝医療・ゲノム医療、遺伝学的検査をめぐる倫理的課題のいくつかを紹介した。遺伝学的検査には、臨床遺伝の専門家による遺伝カウンセリングが行われることが望まれる。遺伝カウンセリング担当者としては、臨床遺伝専門医（2018〈平成30〉年6月現在1,326名）と認定遺伝カウンセラー（2017〈平成29〉年12月現在226名）が、全国で活動している。また、遺伝子医療実施施設については、全国遺伝子医療部門連絡会議のHP（http://www.idenshiiryoubumon.org/）で検索できる。

　すべての医療・医学分野で、生涯変化せず、未来を予知し得る遺伝・遺伝子情報を扱わなければならないゲノム医療革命の時代が到来しており、すべての医療者には、その情報を適切に扱うことのできる能力が求められている。

参考文献

1) 日本医学会（2011年）「医療における遺伝学的検査・診断に関するガイドライン」
　　http://jams.med.or.jp/guideline/genetics-diagnosis.html
2) 日本産科婦人科学会（2013年）「出生前に行われる遺伝学的検査および診断に関する見解」
　　http://www.jsog.or.jp/ethic/H25_6_shusseimae-idengakutekikensa.html
3) 日本産科婦人科学会（2013年）「母体血を用いた新しい出生前遺伝学的検査に関する指針」
　　http://www.jsog.or.jp/news/pdf/guidelineForNIPT_20130309.pdf

遺伝医療・ゲノム医療、遺伝学的検査をめぐる倫理的課題 ❺／最先端医療——クローン技術・再生医療など ❻

❻ 最先端医療——クローン技術・再生医療など

　母親の体細胞からクローン羊が誕生したり、ヒトの幹細胞であるES細胞やiPS細胞によって再生医療が実現したり、ヒトゲノムの構造が解明されたりするなど最先端医療の発展はめざましい。そこで本節では、これらの最先端医療技術について倫理的視点から考察してみる。

1　クローン技術

　クローンとは、遺伝的に同一である個体や細胞の集合をさす。クローン技術とは、同じ遺伝的特徴をもつ子どもを人工的に生みだすものである。クローン技術には、受精卵を用いたものと、体細胞を用いたものがある。受精卵を用いたクローン技術は、すでに家畜などで応用されていたが、1996（平成8）年に体細胞を用いたクローン羊ドリーが初めてつくられ話題となった。

　体細胞を用いたクローン技術は、雌雄の関与のない無性生殖であり、子どもは体細胞を提供した親と同じ遺伝的特徴をもつ。さらに、体細胞クローニングは個体産出目的と、治療目的のものに区別される。

■（1）受精卵を用いたクローン技術

　精子と卵子が受精した受精卵は、その後細胞分裂を繰り返すが、その受精卵の初期の段階の細胞（割球細胞）を用いる（図2-2）。

■（2）体細胞を用いたクローン技術

　成体の体細胞核を、核を除去した未受精卵に移植し、電気的細胞融合させる（図2-3）。
①個体産出目的のクローン技術
　電気的細胞融合させた後、仮親の子宮に戻すことによって個体を産出する。すでに、ヒツジ・ウシ・マウス・ネコなどの児は産出されている。ヒトでは、不妊などの場合、どちらかの体細胞を用いて子どもをつくることができる可能性があるが、ヒトクローンは多くの倫理的問題を抱えている。

医療経営士●初級テキスト8　81

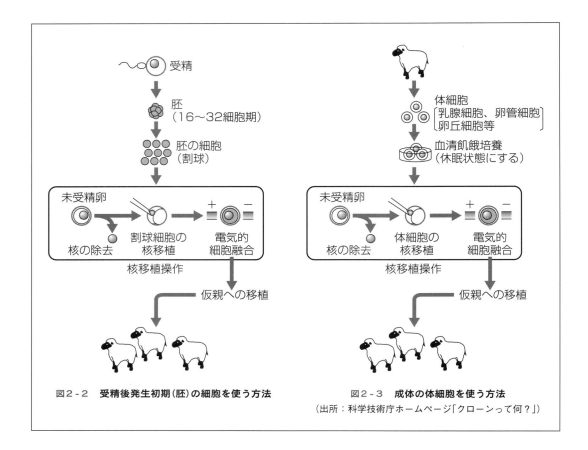

図2-2 受精後発生初期(胚)の細胞を使う方法

図2-3 成体の体細胞を使う方法
(出所:科学技術庁ホームページ「クローンって何?」)

②治療目的のクローン技術

 例えば、①ヒトの血友病治療に必要なタンパク質を合成する遺伝子を組み込んだヒツジのクローンを大量生産し、このタンパク質を乳に分泌させることによって病気の治療に役立つ、あるいは②遺伝子組み換え技術を用い、ヒトに移植可能な臓器をもつ動物をつくりだすなどの可能性がある。

 また、次項の他人のES細胞による再生医療の欠点である拒絶反応をなくすために、③自身と同じ遺伝子をもつ細胞や臓器を、自身の体細胞を利用することによりつくりだすことができる可能性もある。

(3)クローン技術のヒトへの応用についての倫理的問題点

 男女両性の関与なしで子孫をつくることは、ヒトを道具として用いる点、伝統的家族観に反する点から倫理的でないと考えられている。また、特定の遺伝的特徴をもつヒトを意図的につくることは、生命発生の本質に反するし、各人のアイデンティティーの混乱を招いたり、あるいは優生思想に陥るなどの点から尊厳に反すると考えられる。さらに、法的にも生物学的にも、親と子供の関係が複雑・不安定になる点が指摘されている。

最先端医療──クローン技術・再生医療など **6**

　安全面に関しても、クローン個体は、身体的欠陥をもつ頻度が高いと指摘されており、次世代以降の子孫に与える影響についても未知である。また、治療目的に動物のクローン個体を使用する場合には、未知のウイルスの脅威もある。

　以上のような倫理的問題点があり、世界各国や国際機関において、ヒトのクローン作成の規制がなされている。

2　再生医療

　ヒトの身体組織に存在する多能性幹細胞(＝あらゆる細胞に分化できる)は、組織に障害や欠損が生じた場合、増殖と分化を行い組織や臓器を修復する機能をもっている。例えば、幹細胞から心筋細胞を誘導し、これを心不全の心臓に細胞移植することによって治療をすることなどが、幹細胞を用いた再生医療である。

　幹細胞には、受精卵の早期胚から得られるES細胞(胚性幹細胞：Embryonic Stem cell)と、成人の骨髄などに存在する成体幹細胞がある。ただし、ES細胞では、ヒト胚を破壊しなければならないという倫理的問題があり、また、成体幹細胞は量の確保が難しいなどの欠点がある。そこで、2007(平成19)年に樹立されたヒト線維芽細胞由来のiPS細胞がこれらの問題を解決するものとして注目されている。

■(1)ES細胞による再生医療

　図2-4のように体外受精による受精卵は早期胚になり(もしこれが女性の子宮に移植されればヒト胎児となる)、その後、胚盤胞となり内部細胞塊が形成される。この内部細胞塊の細胞を培養してES細胞がつくられる。ES細胞は、細胞分化誘導によって、血球細胞・神経細胞・心筋細胞・血管内皮細胞・平滑筋細胞などに再生される。

　しかし、他人の細胞であるES細胞は拒絶反応を起こすし、奇形腫のような悪性腫瘍を引き起こす可能性もある。

■(2)成体幹細胞による再生医療

　成体幹細胞は、種々の分化誘導薬を用いて、目的とする細胞に分化させることができる。主に骨髄中に存在するので、患者本人の骨髄を使用すれば拒絶反応も抑制できる。しかし、数が少なく、細胞の種類によって分化誘導の方法も異なり、まだ分化誘導法が未知のものもある。

■(3)iPS細胞による再生医療

　iPS細胞(人工多能性肝細胞：induced Pluripotent Stemcell)は、受精卵やES細胞を用いずに人工的につくられた万能細胞である。ノーベル賞を受賞した山中伸弥博士によって、

医療経営士●初級テキスト8 | 83

第2章　各論──医療倫理／臨床倫理の具体的テーマとその課題・展望

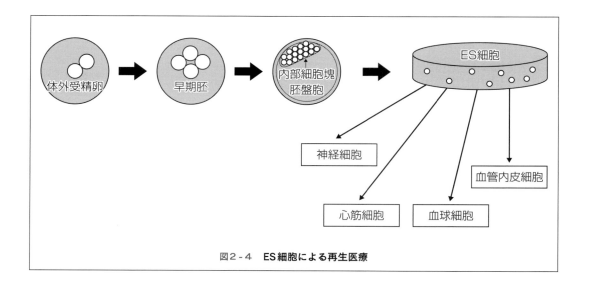

図2-4　ES細胞による再生医療

　まずマウスiPS細胞が、その後ヒトiPS細胞が樹立された。ヒトiPS細胞は、体細胞を多能性細胞へ再プログラムする因子（4つの遺伝子）をヒト由来線維芽細胞に導入して樹立された。iPS細胞は、身体を構成するすべての組織や臓器に分化誘導することが可能であり、胚を破壊することなく、拒絶反応のない移植用組織や臓器をつくることができると期待されている。

　また、再生医療への応用のみならず、患者自身の細胞からiPS細胞をつくり出し、そのiPS細胞を特定の細胞へ分化誘導することで、難病などの発症メカニズムの解明に役立つ可能性もある。

　しかし、iPS細胞を用いた再生医療の実用化には、「がん化の懸念」や「生殖細胞をつくることができる」といった倫理的問題が含まれている。

3　遺伝子治療とゲノム編集

　遺伝子治療は、外来遺伝子をさまざまな方法を用いて生体細胞内で発現させることにより、遺伝性疾患、がん、ウイルス感染症などの治療を目的とする医療技術である。遺伝子の変化が発症の要因になっている疾患では、正常な遺伝子を補充することで治療効果があると期待されている。

　現在行われている遺伝子治療は、この治療を受ける患者だけが遺伝子操作の影響を受けるため、本人がそのリスクと便益を十分に理解し、治療を受けることに同意しているのであれば基本的に倫理的問題は少ないと考えられるが、遺伝子治療は、いまだ研究段階にあり、慎重に取り組む必要があるため、わが国では厚生労働省の「遺伝子治療等臨床研究に関する指針」（2015〈平成27〉年8月12日、2017〈平成29〉年4月7日一部改正）に従って

実施する必要がある。

遺伝子治療等臨床研究は、有効かつ安全なものであることが十分な科学的知見に基づき予測され、生殖細胞等の遺伝的改変が起こらないものについて研究計画が立てられ、倫理委員会の承認を経て実施される。

遺伝子治療等臨床研究の実施に際しては、発がんの可能性、生殖細胞への遺伝子導入される可能性、遺伝子治療を受けた患者からのウイルス排出の可能性などの安全性について十分に検討することが求められる。

今後、早急に検討しなければならないのは、現在、急速に研究が進められているゲノム編集技術を用いた遺伝子治療である。従来の遺伝子治療は、遺伝子を補充・付加する治療法で、異常遺伝子は残ったままであり、がん化の可能性や発現調節ができないことなどの限界があった。一方、CRISPR/CAS 9 などを用いたゲノム編集では、異常遺伝子や不要な遺伝子を破壊できることや遺伝子の変化を修復できること、また安全な場所に遺伝子を組み込むことができ、発現調節も可能となるなど、従来の遺伝子治療では実現できない治療が可能になると期待されている。生殖細胞以外の体細胞に対して適用する際には、特に大きな倫理的問題は生じないが、異常遺伝子を修復するという遺伝子改変を可能とする技術であることから、人の受精卵や生殖細胞、そのほか将来、人の個体の形成につながる可能性のある細胞において、病気の予防や健康の強化の目的で用いようとする研究も想定されるようになった。日本遺伝子細胞治療学会では、人の胚細胞や将来個体になる生殖細胞などを対象とした、遺伝子が改変された受精卵が成育することにつながるゲノム編集技術の応用を禁止すべきであるという声明を公表している。

4 最先端医療技術と倫理

最先端医療技術については、しばしば報道で取り上げられているが、必ずしも正確な情報ではなかったり、基本的知識や専門用語に慣れていない国民に誤解を与えてしまう場合も少なくない。新しい技術がすぐに人に応用できると思わせてしまう報道や、逆にほとんど起こり得ない危険性を取り上げて禁止すべきであるという短絡的な結論に誘導するような報道もある。とは言え、新しい技術を社会が認めるか認めないかは、最終的には世論の判断に委ねられる。その判断の際には、文化や伝統を踏まえた上で、あらゆる多様な考えを統合し、なされる必要がある。遺伝子・ゲノム研究者には、研究を推進させていくだけではなく、国民にもできるだけわかりやすく伝えていく努力が求められるが、国民の側にも安易に結論を出すのではなく、基本的知識と正確な情報、および多様な考え方を理解した上で判断することを求めたい。

研究倫理

　医学における研究倫理とは、さまざまな研究・実験・調査を行う際に、研究者が守るべき倫理である。医学の進歩は研究なくしては成り立たない。医学研究、特に人を対象とする研究では被験者の自発的意思を尊重し、できる限りの安全性の確保が重要である。そこで本節では、特に患者の診断・治療に関わる臨床研究についての科学的妥当性および倫理的妥当性を検証する倫理審査について概説する。

　医学の進歩により、病気を克服し、人々の健康を守ることは、医療者の重要な責務である。しかし、医学の進歩は、最終的には人を対象とする試験に一部を依存せざるをえない研究に基づいている（§4：ヘルシンキ宣言の条項、以下同）。歴史的には、ナチスドイツの人体実験や、タスキギー梅毒研究などの、本人の自由意思ではない研究への強制参加により、多大な被害をもたらした倫理的に不適切な研究もあった。

　人を対象とする医学的実験の倫理規定である「ニュルンベルグ綱領」は、ナチスによる人体実験の反省に立ってつくられた。その後、1964年には人を対象とする医学研究の倫理原則である「ヘルシンキ宣言」がつくられ、何度かの追加修正を経て2013年ブラジルで改訂されている。人を対象とする医学研究の倫理原則においては、「医学の進歩と社会への貢献」と「研究参加者の人権・健康の保護」のバランスをとることをその目的としており、研究を遂行する研究者には、科学的資質だけでなく、倫理的資質が必要である。

　日本においては、「臨床研究に関する倫理指針」（厚生労働省）と「疫学研究に関する倫理指針」（文部科学省）が、2014（平成26）年12月に新指針「人を対象とする医学系研究に関する倫理指針」となった。

1　ヘルシンキ宣言―人を対象とする医学研究の倫理原則（世界医師会WMA）

　ヘルシンキ宣言は、人を対象とする医学研究に関わる医師、その他の関係者に対する指針を示す倫理原則である。「人を対象とする医学研究」とは、個人を特定できる人由来の試料、および個人を特定できるデータの研究を含む（§1）。

　人を対象とする研究において、被験者の生命、健康、プライバシーおよび尊厳を守ることは、医学研究に携わる医師の責務であり（§9）、医学研究の主な目的は新しい知識を得ることではあるが、この目標は個々の被験者の権利および利益に優先することがあっては

研究倫理

ならない（§8）、としている。

2　指針・ガイドライン

　医学研究に関する規制の詳細は、厚生労働省・文部科学省による指針、ガイドラインや告示に規定されている。

　それらには、①ヒトゲノム・遺伝子解析研究に関する倫理指針（2001、2008改正）、②ヒトES細胞の樹立及び使用に関する指針（2001）、③特定胚の取り扱いに関する指針（2001）、④遺伝子治療臨床研究に関する指針（2002、2008改正）、⑤人を対象とする医学系研究に関する倫理指針（2014制定）などがある。

3　研究倫理委員会における臨床研究の倫理審査

　すべての人を対象とする研究計画や内容は、研究計画書のなかに明示し、この計画書は研究倫理委員会の承認を要する。倫理委員会は、その機能において透明性に留意し、研究者、スポンサーおよびその他いかなる不適切な影響も受けず適切に運営されなければならない（§23）。したがって、同委員会は科学的妥当性および倫理的妥当性について検証することになる。検討する内容は以下のとおりである。

(1) 科学的妥当性の検証

　臨床研究が、予防、診断または治療上価値があるかどうかについて、その科学的妥当性を検討する。その内容は、①背景・目的、②研究デザイン（方法論）、③解析・分析方法、④実施場所および期間、⑤研究対象者の選定方法、⑥研究者の資質、⑦起こりうる危険性などについてである。

　研究者の資質については、人を対象とする医学研究は、適切な倫理的および科学的な教育と訓練を受けた有資格者によってのみ行われなければならない（§12）。また、被験者およびその研究によって影響を受ける人々のリスク・負担と、予見され得るベネフィットとを比較して、慎重な評価を先行させなければならない（§17）。さらに、リスクを最小化するための措置が講じられなければならない。リスクは研究者によって継続的に監視・評価・文書化されるべきである（§17）。なお、リスクが適切に評価されかつそのリスクを十分に管理できるとの確信をもてない場合には、医師は人を対象とする研究に関与してはならない（§18）。

(2) 倫理的妥当性の検証

　研究計画書は、研究被験者の保護のために、必ず倫理的配慮に関する言明を含む必要が

ある。そして被験者に対して、研究の目的・方法・資金源、起こりうる利害の衝突、研究者の関連組織との関わり、研究に参加することによる利益・危険・負担について充分に説明がなされるべきである(§26)。

①個人情報の保護

被験者のプライバシー・個人情報保護についてあらゆる予防手段が講じられなければならない(§24)。

研究期間中の情報の管理についてだけでなく、研究終了後の情報や資料の取り扱いについても配慮が必要である(§34)。また、学会などでの臨床研究の結果を公表する場合には、被験者を特定できないようにプライバシーに配慮する。

匿名化(＝個人の識別情報を取り除き、その人を特定できないようにすること)には、その後の追跡が可能となる連結可能匿名化と、連結表を残さない連結不可能匿名化がある。

②インフォームドコンセント

インフォームドコンセントを与える能力がある個人の参加は自発的でなければならない(§25)。インフォームドコンセントを得る場合には、被験者が、その医師に依存した関係になく、強制がないことが重要である。その可能性のある場合には、よく内容を知っているが、その研究に関与していない医師によって、インフォームドコンセントは取得されるべきである(§27)。

ア　説明文書(研究内容についての説明事項)の妥当性

　その研究の意義、目的、方法、予測される結果、および資料の保存および取り扱いなどについて説明書に適切に記載されている必要がある。

イ　同意文書の妥当性

　a)　自由意思であること：被験者はボランティアであり、充分な説明を受けたうえでその研究に参加するものであることを要する。患者の研究参加の拒否・離脱が、患者と医師の関係に悪影響を及ぼすものであってはならない(§31)。

　b)　同意撤回の自由：対象者はいつでも研究への参加をとりやめ、または参加の同意を撤回することができる。不同意の場合にも不利益を受けないことが保証される(§26)。

　c)　文書の作成：医師は対象者の自由意思によるインフォームドコンセントを文書で得ることが望ましい(§26)。

　d)　特に、経済上・医学上の理由により不利な立場にある場合には、自由意思の確保に十分配慮する必要がある。また、平易にわかりやすく、主治医が説明を行うことが求められる。

ウ　また、被験者として選定された理由、安全性について確保されていることも説明する必要がある。

③リスクとベネフィット

研究参加によって、起こりうる危険と不利益および利益について具体的に説明する必要がある。そして内在する危険が充分に評価され、その危険を適切に管理できることが確信できない場合には、医師は、人を対象とする医学研究に従事することを控えるべきである（§18）。また、人を対象とする医学研究は、その目的の重要性が、研究に伴う被験者の危険と負担にまさる場合のみに行われるべきである（§16）。

④同意能力が不充分な被験者への配慮

同意能力が不充分な場合の、代諾手続きの具体的記載がなされている必要がある。本人が同意できない場合には、法的に資格のある代理人からインフォームドコンセントをとることを要する（§28）。インフォームドコンセントを与える能力が不十分な未成年者等が賛意（assent）を表することができる場合には、医師は法的代理人からの同意に加えて、本人の賛意（assent）を得る必要がある。被験者候補者の不賛意（dissent）は尊重されるべきである（§29）。また、インフォームドコンセントを与えることができない集団を対象とする場合には、その研究の必要性について、明確な理由が述べられていなければならない。

⑤結果の開示

被験者が結果にアクセスできるかどうかについて、あるいは研究終了後に、被験者が当該研究の結果より得られた最善の予防・診断・治療を受けることができるのかどうかについて記載する。基本的には、医学研究は、研究が行われる対象集団が、その研究の結果から利益を得られる相当な可能性がある場合のみ正当化される（§19）。研究者は結果の正確さを担保する義務があるため、ネガティブ・ポジティブ両方の結果ともに公表される必要がある（§36）。

⑥利益相反および研究の資金源について

研究者と研究資金提供先との利害関係について、経済的利益を得ていないかどうか、被験者に対して誘導性がないかどうかについて記載する必要がある。

⑦補償の記載

研究参加によって、危害が及んだ場合の補償について説明が必要である。

⑧研究責任者・研究協力者の記載

⑨問い合わせ先の記載

被験者からの問い合わせに適切に対処できる体制を整えておく必要がある。

新規に臨床研究を実施する場合には、以上のすべての項目について、研究倫理委員会で検討される必要がある。さらに、臨床研究は、現在最善とされている予防・診断・治療方法と比較考量されなければならない。しかし、現時点で証明された最善の治療法が存在しない場合には、プラセボを用いてもよい（§33）とされている。そして、研究終了後に、研究に参加したすべての患者は、その研究によって最善と証明された方法によって治療されることが保証される必要がある。

第2章　各論——医療倫理／臨床倫理の具体的テーマとその課題・展望

8 臓器移植

　1997（平成9）年10月に「臓器の移植に関する法律」が施行され、2010（平成22）年に一部改正されて今日に至っている。そもそも臓器移植とは、自己の臓器の機能を自力で復帰させることができない病態に、新しい臓器で置換して健康を確保する治療である。技術面では、免疫反応による臓器の拒絶を克服すること、倫理面では、臓器を提供する側の患者の意思が関わることや、自己のそして他者の"ヒトの死"が関わることが、他の医療と異なる点である。

　移植医療の領域を拡げてみると、献血や骨髄移植も細胞や組織の移植といえる。ところが、提供に際して生命には影響しないこと、角膜、皮膚や骨などの組織移植では通常の死の確認後に医療行為が開始されることなどにより、倫理的課題の重さが臓器の移植の場合とは相違している。

　臓器移植の歴史を振り返ると、従来の"ヒトの死"の概念を改めて考える必要が生じたこと、そして各医療関係者や国民の臓器移植に対する意識の相違が存在したことなどが、倫理的課題を大きくした要因の1つになっていると考えられる。

1　臓器移植の現状

　臓器移植法施行前には、心停止後の腎移植はおよそ180例（提供はおよそ90例）が行われていた。臓器移植法が施行された1997（平成9）年以後の20年間では、**表2-1**のように各種の臓器の移植が行われてきた。そして、手術後の移植臓器の機能は欧米と肩を並べる成績を誇っている。

表2-1　臓器別提供数・移植数の累計（1995～2016年）

（件）

累計	心臓	肺	肝臓	腎臓	膵臓	小腸
提供	331	290	364	2,006	297	14
移植	331	350	392	3,731	294	14

※同時移植の件数については、各臓器に含まれる。
出所：日本臓器移植ネットワーク

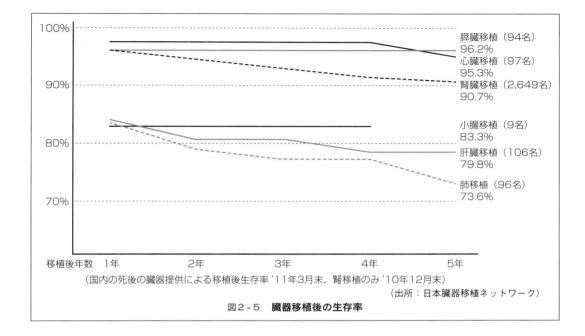

（出所：日本臓器移植ネットワーク）

図2-5　臓器移植後の生存率

2　臓器移植の種類による倫理的課題の相違

　臓器移植には、健康な第三者から提供された臓器の移植（生体間移植）と、心臓停止または脳死に至った第三者から提供された臓器の移植（心停止後・脳死移植）の2種類の方法がある。前者の生体間移植では、提供者の健康は提供後も維持できるという医学的視点はいうまでもなく、提供者の「意思」は任意になされたものであることが重要な課題となる。移植を受ける者から、または他の家族からの強制（暗黙の強制を含めて）が生じている状況は回避しなければならない。臨床の現場では、家族全員への問いかけと個別の面談により情報を収集して判断することが常に行われている。移植術の前後は、家族全員が心を1つにして進めるよう配慮する必要がある。

　一方、後者の心停止後・脳死移植では"ヒトの死"が関わってくる。心停止後の腎移植では、臓器の摘出という行為（手術）は死と判定された後に行われるが、前もっての準備が必要なために倫理的課題が生じる。さらに、脳死からの提供の際は、臓器提供を前提としている場合に限って、「脳死は人の死」と臓器移植法に定義されていることから、ヒトの死に関する倫理的課題が複雑になっている。

　また、心停止後・脳死移植において、提供された臓器が公平かつ公正に移植を受ける者に配分されることも重要な課題と捉えられている。「公平かつ公正」な基準をどこに置くべきなのかは、時代とともに変遷することも想定される。実際、移植候補者の選定基準について、提供事例を振り返り、関係団体や一般市民の意見を取り入れて協議が行われている。

第2章　各論——医療倫理／臨床倫理の具体的テーマとその課題・展望

3　臓器移植に関わる"死"について

　本書第1章4「人間の尊厳」において、人の命は"物"ではなく「常に目的として尊重される必要がある」と、人の命の不可侵性が述べられている。この考え方は揺るぎないものである。一方、第2章10「終末期医療」では、「しかし今、我々は人工呼吸器・人工的水分栄養補給をはじめ（中略）終末期における延命治療の問題に直面せざるをえなくなった」と、ヒトの死に対する従来の概念に一石が投じられている時代でもある。

　臓器移植にかかわる"ヒトの死"を考えると、まず、臓器移植の対象となる患者（移植を希望する患者）は、実はそれぞれの臓器が機能不全に陥り、移植医療以外の手段では治療が不可能な"終末期医療"の対象でもある。腎不全では透析療法が選択肢としてあるとの意見も出ると推測するが、根治療法ではなく、合併症等を併発するごとに命を削っていくことからも、ある意味終末期の過程ともいえる。

　また、最大の課題として、臓器を提供する側にとっては、"ヒトの死"をどのように受け入れるかという問題が生じる。脳死をヒトの死と考えるか否か、臓器移植を肯定するか否定するかなどについて、患者本人の受け止め方とともに、患者の家族の受け止め方も考慮する必要がある。

4　本人の意思尊重および意思決定

　臓器移植における臓器提供に係る意思決定においては、本人の書面による意思、そして家族の同意の両方が必須条件として、法律が施行された。2010（平成22）年の法改正後は、本人が提供拒否を書面で表明していなければ、家族の推定同意で可能と考え方が変わった。

　さて、一般診療における患者本人の意思尊重の基準と比較してみると、本書第1章11「医療に関する意思決定と代理判断」では、本人の意思能力がないと判断された場合の事前指示書の尊重や家族による推定同意の許容について述べられている。臓器提供について照らしてみると、事前指示書は「臓器提供意思表示カード」がそれに当たり、拒否する意思が確認できない場合は、家族の推定同意で進めることが可能である。ただ、本人の事前指示書が存在しても家族が拒否すれば提供できず、家族の意向が一般医療に比較するとより尊重されているところが相違する。

　また、小児からの臓器提供についても本人の意思（自己意識）が課題とされてきた。幼児など自己意識が確立していない人を「社会的な意味での人格」と位置づけて生命権を尊重することが、「パーソン論」（人格論）において述べられているが、臓器移植においてもその趣旨が尊重されている。また、自己意識を消失した脳死者についても、自己意識を存していた者として「社会的な意味での人格」を尊重して対応している。

92　医療経営士●初級テキスト8

臓器移植 ⑧

5　臓器移植医療に携わって感じること

■ (1)「死」の受け入れ

　「自己の死と大切な人の死、そして他人の死」とさまざまな人の死を思い浮かべて、ヒトの死の受容の歴史を振り返ると、その時々の社会に応じた"しきたり"があり、それは時代とともに変遷している。大切なのは、その社会で共通の認識として受け入れられている考えであり、それもまた時代とともに変遷していく。ただ、考え方が変化しても、「大切なヒトの死を看取ることに心を注ぐことは不可欠」と受け継がれていることは貴重である。

　臓器移植医療に関わってきて、心停止による死であれ脳死であれ、死の過程を「その人の物語として」どのように語れるかが大切であると考える。死に逝く本人にとって、残される家族・近親者にとって、そして関わった医療者にとって、「なるほど、と受け入れることができる物語」を紡ぐことが大切なのではないだろうか。

■ (2)移植医療は、複数の医療機関等のチーム医療

　移植医療では、多くの医療職種が、そして同職種内でも専門性を異にする専門職種が関与し、全体がチームとして行動できなければ成立しない医療である。確かに移植医療創成期は移植専門家が主導的な活動を行っていたが、近年では、関係する専門家が対等に意見を交わしながら推進している。移植医療のあるべき姿を目指して、時にはブレーキ、時にはアクセルと、移植医療の道を踏み外さないように進められている。

6　医療経営に関わる状況

　参考として、診療報酬での加算について触れておこう。移植医療施設では、「K514-4」同種死体肺移植術(139,230点)、「K605-2」同種心移植術(192,920点)、「K605-4」同種心肺移植術(286,010点)、「K697-7」同種死体肝移植術(193,060点)、「K709-3」同種死体膵移植術(112,570点)、「K709-5」同種死体膵腎移植術(140,420点)、「K716-6」同種死体小腸移植術(177,980点)、または「K780」同種死体腎移植術(98,770点)が算定できる。臓器提供施設に対しても、2018(平成30)年度診療報酬改定で「脳死臓器提供管理料」(20,000点)が収載された。

7　まとめ

　臓器提供は、「死に逝く人の選択肢の1つ」であり、事前指示書等で語る自分自身の希望の1つであり、それ以上でもそれ以下でもないと考える。現時点では、脳死は臓器提供を

医療経営士●初級テキスト8　93

第2章　各論──医療倫理／臨床倫理の具体的テーマとその課題・展望

前提とした場合のみ「人の死」とされている。将来、新たな診療技術が開発されることや、国民の死についての考え方が変化することが想定され、そのためにも多くの意見を交わしながら考え続けることが最も大切なことではないかと思う。

　その時代時代における、国民の合意のもとでの「考え方」で運用するとともに、残された課題に対しては真摯に向き合い、協議を継続することが大切である。そして、一般市民の"人の死"に関する考え方の変化、新たな脳死診断法の出現、再生医療による臓器提供体制の変化などの臓器移植環境の推移に応じて、必要と判断した際は、進むも退くも、英断をもって方向転換することが選択肢となる。

臓器移植 ⑧／認知症ケアの倫理 ⑨

認知症ケアの倫理

　認知症高齢者の人口が増加傾向にある。今後、われわれは、認知症の人々と共にある社会をつくっていかなければならないが、ときに、認知症の人々の行動を理解することができず、彼らを"以前のその人"とは別人の"抜け殻"であると偏見をもってしまうことがある。それは、われわれが、彼らの行動を、自分自身のフィルターを通じて見ているためであろう。身体機能が低下する（フレイル：frail）だけでなく、意思決定能力が低下していく人々（vulnerable）の尊厳に、どのように配慮すれば倫理的に適切といえるのだろうか。あるいは、認知症の人々を"1人の生活者"として認め、尊厳に配慮したケアをするためには何が必要だろうか？　本節では、アルツハイマー病を中心として、「認知症ケアの倫理」について論じる。

1　「認知症ケアの倫理：Ethics of Dementia Care」が必要な理由

(1) 認知症人口の増加

　高齢化の進展とともに、認知症の人の数も増加し、最近の統計では462万人が認知症をもち、軽度認知障害のある人も含めると862万人になるといわれている。また、施設入所者の8割以上が認知症を合併し、2025年には700万人（65歳以上の5人に1人）になると予測されている。

(2) 認知症の症状

　認知症とは、何らかの原因で脳の働きが低下し、そのために記憶力・理解する能力・判断する能力・行動する能力などにさまざまな障害が現れて、日常生活に支障をきたした状態をいう。認知症の原因疾患で最も多いものがアルツハイマー病で、2番目に脳血管性認知症、3番目にレビー小体型認知症が続く。
　記憶力の低下などの認知機能障害を「中核症状」と呼び、徘徊や暴言などの行動障害を「周辺症状」と呼ぶ。初期には記憶障害が主であるが、次第に自分のことが自分でできなくなる自立（Independence）の障害、および自分のことを自分で決めることができなくなる自律（Autonomy）の障害が起こってくる。そして、終末期には嚥下困難が起こり、PEG（経

医療経営士●初級テキスト8　｜　95

第2章　各論——医療倫理／臨床倫理の具体的テーマとその課題・展望

皮内視鏡的胃ろう造設術）などの経管栄養（延命治療）をどうするのかという倫理的問題がでてくる。

（3）日常ケアにおける「倫理的気づき」

認知症ケアに関する問題は、今まで介護の技術上の問題であると認識されてきたが、倫理的側面をもっていると考えることにより、さらに的確な視点で問題を捉えることができ、認知症の人々の尊厳に配慮した接し方ができるようになる。

2　「認知症ケアの倫理」の3つの柱

「認知症ケアの倫理」は、①実践に基づいた倫理である、②認知症に伴う偏見・蔑視を取り除くことが重要である、③学際的・多職種協働的アプローチである、の3つの柱で捉える。

「認知症ケアの倫理」では、日常の認知症ケアに潜んでいる倫理的問題に敏感になり、認知症本人、およびその介護者の声に耳を傾けることによって、生きた経験から倫理を導きだすアプローチが必要とされる。今までの理論による倫理（Theory Ethics）から、経験に基づいた倫理（Experience Based Ethics）、物語りによる倫理（Narrative Ethics）への発想の転換である。別の言い方をすれば、今までの机上の倫理から、実際の経験や物語に基づいた倫理への発想の転換が求められるということである。

そして、アルツハイマー病の人々は、脳神経細胞の病理学的変性により、人格が変化し、崩壊してしまうという偏見を捨て去る必要がある。さらに、認知症ケアは、多くの学問分野（Interdisciplinary）や多職種（Inter-professional）が関わることによって、より適切なものになる。

3　「抜け殻仮説」への挑戦

（1）「認知症の人々の人格は失われる」という偏見

アルツハイマー病は、脳神経細胞の病理学的変性によって、コミュニケーション能力が低下し、基本的生活動作が営めなくなってくる。そして、その人格は変化し、崩壊し、次第に失われていき、「抜け殻」のようになってしまうという社会の偏見や蔑視がいまだにある。

（2）パーソン論哲学

西洋哲学におけるパーソン論は、生物学的な意味でのヒトと、道徳的な意味でのパーソ

96　医療経営士●初級テキスト8

ンを区別し、合理的思考や記憶力ゆえに、人は道徳的地位が与えられ、保護され、権利が与えられる、とした。その結果、認知機能が失われた人々は「Non-person」として区別され、人間の尊厳の領域から追いだされた。

■（3）抜け殻仮説・パーソン論への挑戦

上記の「抜け殻仮説」や「パーソン論」を否定し、乗り越えることが「認知症ケアの倫理」の大きな役割であり、その結果、認知症の人々の尊厳に配慮した適切なケアを提供できるようになる。

① 人は認知機能ゆえに、その道徳的地位が与えられるのではない：「認知症ケアの倫理」は、「人は合理的思考や認知機能ゆえに道徳的地位が与えられる」という仮説に挑戦する。そして、認知症に伴う偏見・蔑視を取り除き、認知症の人の人格（personhood）を認めるケアをその中核概念とする

② 人は認知機能の衰退ゆえに、支援の手が差し延べられなければならない：認知症の人々は、身体的にも社会的にも弱い存在ゆえに、支援を必要としている。認知症の人々が社会の一員として、尊重されていると感じることができるためには、周囲の人々との交流や社会との関係性がたいへん重要であり、われわれは彼らに支援の手を差し延べる必要がある

4　翻訳の倫理

■（1）認知症の人々の経験を「自分のフィルターを通じて見ている」

軽症アルツハイマー病では、自分自身の考えを明確に伝えることができるが、中等度以上では、われわれは彼らの経験を、翻訳して読み解くことになる。例えば、高度アルツハイマー病の人を"抜け殻"と表現する場合は、その観察者の価値観が、そのような解釈をさせている可能性がある。

■（2）翻訳の限界

われわれは、自分の知識や経験の範囲で人やものごとを理解し推論している。したがって、認知症の人々の経験を、われわれ自身の価値観というフィルターを通して翻訳し、認知症の人を評価し価値づけているということに、常に自覚的・内省的である必要がある。

■（3）認知症の人々を適切に理解（翻訳）するために

たとえ、それがわれわれの現実と異なっていても、認知症の人にとっての「現実の世界」を受け入れる必要がある。彼らのすべての行動に何らかの意味があると考え、行動障害に

第2章　各論——医療倫理／臨床倫理の具体的テーマとその課題・展望

ついても、本人の感情表現であるとみなしたり、あるいは何か訴えたいことがあるのではないかと考えてみることである。

5　行動コントロールの倫理

(1)行動コントロールの倫理とは

認知症の進行による行動障害(攻撃性・興奮状態・徘徊など)が出現した場合、薬物や身体拘束により、認知症の人々の行動をコントロールすることは倫理的に許されるのかという問題である。本人の安全を考えて行動を制限する場合もあるし、また、家族や介護者の介護負担を軽減するために行動制限をする場合もある。

(2)身体拘束による行動コントロール

①身体拘束による弊害

身体的弊害(筋力低下・関節の拘縮など)、精神的弊害(不安・怒り・恐怖など)、社会的弊害(介護施設に対する不信感など)がある。

②最小限の拘束

介護保険法第88条、指定介護老人福祉施設の基準に基づく省令により、「指定介護老人福祉施設は、サービスの提供に当たっては、当該入所者又は他の入所者等の生命又は身体を保護するため緊急やむを得ない場合を除き、身体的拘束その他入所者の行動を制限する行為を行ってはならない」とされている。

そして、身体的拘束が緊急やむを得ない場合として、以下の3つの要件が示されている(厚生労働省「身体拘束ゼロへの手引き」)。

　ア　切迫性

　　　利用者本人または他の利用者の生命または身体が危険にさらされる可能性が著しく高いこと

　イ　非代替性

　　　身体拘束その他の行動制限を行う以外に代替する介護方法がないこと

　ウ　一時性

　　　身体拘束その他の行動制限が一時的なものであること

万一、拘束を実施する場合も、できるだけ最小限の拘束にとどめるために、拘束の必要性について定期的な再評価をする。

③拘束に関わる法律

憲法18条、刑法220条により、人が不法に拘束されないことが保障されている。また、介護保険法も生命・身体を保護するため緊急やむをえない場合を除いて拘束を禁止してい

る。

④尊厳と倫理原則

　拘束は基本的に人の尊厳に反する行為である。しかし、実際には、本人が自由に行動する権利（自律尊重原則）と、転倒骨折の危険を防ぐという安全性に関わる価値（善行原則）が対立する場合が多く、個々のケースに応じてリスクとベネフィットを分析する必要がある。

▌(3)薬物による行動コントロール

　徘徊・暴行・不眠などに対して、行動をコントロールする薬物が用いられるが、それらは少量から開始し、効果・副作用をモニターしながら増量し、できるだけ最小限の量を用いる必要がある。また、かつ明確な目的をもって、本人のQOL（人生の質、生活の質）に焦点を当てて、適応が考慮されたり経過観察がなされるべきである。

▌(4)日常生活の制限

　これには、運転免許の返上や、火を使う料理の制限などがある。本人や周囲の人々への安全性と、本人の自由に行動する権利を、本人の能力に応じて比較衡量を行い、その適否を判断する必要がある。

6 認知症ケアにおける家族介護者の役割

　「認知症ケアの倫理」の重要な役割は、家族をはじめとする、進行性の認知症にかかわるすべての人々が安心できるようなケアの倫理的土台を創ることである。したがって、認知症の人々へのケアは、家族介護者へのケアをも含むものであるといえる。

▌(1)QOLs（Quality of Lives）

　認知症の本人のQOL（Quality of Life）について配慮することは重要であるが、家族介護者を含めた関係者全員のQOLs（Quality of Lives）について考慮することも、認知症ケアにおいてはたいへん重要である。

　倫理的に適切なケアを提供するためには、認知症本人のQOL（Quality of life）だけでなく、QOLs（Quality of Lives、QOLの複数形、家族介護者のQOLも考える）という概念で考える必要がある。医療・介護専門家は、本人だけでなく家族の要望も理解し、それに沿ったケアを実践することが、両者の利益にかなう適切なケアであるということを念頭におく必要がある。

▌(2)家族介護者の役割と限界

　家族介護者は、認知症ケアの実践者としての役割や、認知症本人の代弁者としての役割

第2章　各論——医療倫理／臨床倫理の具体的テーマとその課題・展望

を担っている。しかし、認知症ケアには莫大な身体的労力と心理的配慮が必要なため、家族介護者はしばしば身体的だけでなく、精神的にも経済的にも疲弊している。

(3)家族介護者を支援するために

　家族介護者を孤立させたり、疲弊するまで放置することは好ましくない。施設入所や介護休暇のためのショートステイ(レスパイトケア)、カウンセリング、家族会やサポートグループ、経済的支援、社会的資源の利用などについて適切にアドバイスをする必要がある。

7　高齢者虐待

(1)虐待の種類

　虐待には、①身体的虐待、②心理的虐待、③経済的虐待、④性的虐待、⑤介護放棄(ネグレクト)がある。

①身体的虐待

　暴力などにより、身体に傷や痛みを与える、行動を制限する(叩く・つねる・蹴る・縛る・意図的に薬を過剰に投与するなど)。

②心理的虐待

　言葉や態度により、心理的に苦痛を与える(恥をかかせる・子ども扱いをする・怒鳴る・ののしる・悪口を言うなど)。

③経済的虐待

　財産や金銭の無断使用、本人が望む金銭の使用を理由なく制限する(必要な金銭を渡さない、使わせない・本人の預貯金を勝手に使用する・財産を勝手に処分するなど)。

④性的虐待

　本人の合意なく、性的な行為を行ったり、強要する。

⑤ネグレクト

　介護や世話を放棄する(空腹状態、脱水状態、栄養失調状態、劣悪な環境の中に放置するなど)。

(2)虐待の悪循環

　虐待は、介護者も、介護により心身ともに疲弊して起こることが多いため、その防止には、①介護の負担を軽減すること、②第三者が介入することなど、虐待の悪循環を断ち切ることが重要となる。

100　医療経営士●初級テキスト8

(3)通報の義務

　医療従事者には守秘義務があるが、虐待があった場合には、守秘義務は解除され、通報の義務が生じる。

　通報の義務は「高齢者虐待防止・養護者支援法」(高齢者虐待の防止、高齢者の養護者に対する支援などに関する法律：2006〈平成18〉年4月)に規定されている。

　高齢者が尊厳を保って生活できるように虐待の防止と保護のための措置、および高齢者を支える養護者の負担の軽減を図ることをその目的としている。虐待の通報の義務については、①家族介護者(養護者)による虐待、②介護従事者による虐待を区別して規定している。

①家族介護者(養護者)による高齢者虐待

　ア　通報

　養護者による高齢者虐待を受けたと思われる高齢者を発見した場合

　　1)高齢者の生命または身体に重大な危険が生じている場合：速やかに市町村に通報する(義務)

　　2)それ以外の場合：速やかに市町村に通報する(努力義務)

　イ　通報後の市町村による措置

　　1)事実の確認：当該高齢者の安全の確認や通報に関わる事実の確認を行う

　　2)立ち入り調査：高齢者の生命または身体に重大な危険が生じているおそれがある場合に実施する

　　3)警察署長に対する援助要請：立ち入り調査などに際して必要があると認めた場合に行う

　　4)高齢者の保護：高齢者の生命または身体に重大な危険が生じているおそれがある場合に行う

　　5)協議：養護者への支援も含め、今後の虐待防止の対応について、地域包括支援センターなどと協議し、連携協力体制を整備する

②介護従事者による高齢者虐待

　ア　通報

　　1)施設職員が、介護従事者による虐待を受けたと思われる高齢者を発見した場合：速やかに市町村に通報(義務)

　　2)介護従事者による虐待を受けたと思われる高齢者を発見し、かつ、生命または身体に重大な危険が生じている場合：速やかに市町村に通報(義務)

　　3)介護従事者による虐待を受けたと思われる高齢者を発見し、上記2)以外の場合：市町村に通報(努力義務)

　　4)介護従事者による虐待を受けた高齢者本人は、市町村に届け出ることができる

イ　通報後の市町村による措置
　1）都道府県への報告
　2）介護施設の適正な運営の確保：虐待防止および当該高齢者の保護を図るため、老人福祉法・介護保険法による監督権限を適切に行使する
　3）公表：都道府県知事は、介護施設における虐待の状況、そのとった措置などを公表する

8　倫理的に適切なケア—パーソンセンタードケア

　トム・キットウッド（Tom Kitwood：イギリスの心理学者）が提唱したパーソンセンタードケアは、日本語では「その人らしいケア」とか、「その人中心のケア」と呼ばれている。

(1) パーソンセンタードケア構成要素

　「まず、その人ありき（The person comes first）」そして「認知症の人の状態は、周囲の人々やケアの状態を反映する鏡である」という信念のもと、以下の5つの構成要素を中核概念とする。
　①「アルツハイマー病の人々の人格（personhood）は、失われるのではなく次第に隠されていく」と認識する
　②すべての場面で、アルツハイマー病の人々の人格（personhood）を認める
　③ケアと環境を、個人に合わせたものにする
　④共有された意思決定（Shared Decision Making）を実践する（＝可能な限り本人の自律・自己決定（Autonomy）を尊重する）
　⑤周囲（社会）との関係性（交流）を重視する

(2) パーソンセンタードケアの具体的実践

　①本人のできないことや欠点・短所に焦点を当てるのではなく、できることやよい点・長所に焦点を当て、それらを増強したり伸ばすように努める（ポジティブアプローチ）
　②家族や介護者の視点や都合ではなく、本人の視点に立つ
　③問題行動についても、本人の感情表現であるとか、コミュニケーションの1手段であるとみなす
　④すべての行動に何らかの意味があると考える
　⑤"認知症の人自身の現実の世界"を受け入れ、彼らを"われわれの現実の世界"に引き込もうと強要しない（例えば、"お母さん！"と呼んでいる人に「あなたの母親は死んでいるのです」とたたみかけることは、不安・焦燥・苦痛を与える）
　⑥偏見的・侮蔑的な言葉を使ったり、呼んだりしない

パーソンセンタードケアは〈個別性に配慮したケア〉＋〈尊厳に配慮したケア（＝自律と自立への支援）〉を意味し、倫理的側面に配慮したケアである。本人のできないことにではなく、できることに焦点を当て、認知症の人を「1人の生活者」として尊重している。

第2章　各論──医療倫理／臨床倫理の具体的テーマとその課題・展望

⑩ 終末期医療

　近代医学が発達する前までは、人々は自然の経過で死の床に就き、心臓が止まり、呼吸が止まり、世を去っていったため、延命治療を受けるかどうかという難しい問題を考える必要はなかった。しかし今、われわれは人工呼吸器・人工的水分栄養補給をはじめ、さまざまな延命治療の手段をもち、意識がない状態でも心臓を動かし続けておいたり、人工的に呼吸をさせたり、栄養を補給することができるようになったため、終末期における延命治療の問題に直面せざるをえなくなった。

　もちろん、これらの医療技術は、多くの人々の命を救うことに役立ってきた。しかし、ゆっくり進行する老衰やがんの終末期、認知症の終末期の"看取り"の場合にこれらの延命治療処置をどうするかについては、個別のケースごと、患者が家族と十分にコミュニケーションをとって考えてみる必要があるだろう。

1 看取り

　「看取り」とは「無益な延命治療をしないで、自然の経過で死を見守るケアをすること」である。適切な看取りに入るための条件として、①医学的に末期であること、治療の無益性が明確であること、②これ以上の積極的治療を望まないという本人意思があること、③家族も同意していること、④意思決定に際して手続き的公正性が確保されていることが挙げられる。すなわち、看取りには医学的問題だけでなく、倫理的・法的問題が内在し、それらの視点のバランスがとれていることが必要である。

2 救命治療・延命治療・緩和ケア

▍(1)定義

　「救命治療」は患者の命を救う目的でなされる医療処置である。「延命治療」は病気が治る見込みがないにもかかわらず、延命するためだけのすべての手段・医療処置を意味する。ときに死の経過や苦痛を長引かせることもあるといわれている。「緩和ケア」は延命治療を差し控え、あるいは中止して、患者の身体的・精神的苦痛を緩和することを目的とするも

104　医療経営士●初級テキスト8

のである。

しかし、救命治療・延命治療・緩和ケアの区別は、同一の処置であっても、患者の苦痛の程度・死期の切迫の程度・治療の死期への影響の程度などの医学的理由や、患者の価値観や治療目標によっても異なり、これらに一定の境界線を引くことが困難な場合がある。

■ (2)緩和ケア

WHO(世界保健機関)では緩和ケアを、「生命を脅かす疾患に伴う問題に直面する患者と家族に対し、疼痛や身体的、心理社会的、スピリチュアルな問題を早期から正確にアセスメントし解決することにより、苦痛の予防と軽減を図り、生活の質(QOL)を向上させるためのアプローチである」と定義している(2002年)。

「緩和ケア」は今まで、主にがん患者のホスピスケアにおいていわれてきたが、高齢者の認知症などの終末期においても、その重要性が指摘されている。しかし、がん患者における緩和ケアでは「死」に焦点が当てられているのに対して、高齢者の終末期はその期間の長さゆえに、「よく生きること (QOL)」に、より焦点が当てられた緩和ケアが考慮されるべきである。

なお、高齢者の慢性疾患における緩和ケアの重要性にかんがみて、2011年6月、WHOヨーロッパのガイドライン「高齢者の緩和ケアのより良い実践のために」、ヨーロッパ緩和ケア学会の「認知症に対する緩和ケア」(2013年)が出されている。

■ (3)延命治療

延命治療には、心肺蘇生術、薬物投与、化学療法、人工透析、人工呼吸器、輸血、水分栄養補給など、延命するためのすべての処置が含まれる。以下、CPRと人工的水分栄養補給について解説する。

①心肺蘇生術(CPR:Cardiopulmonary Resuscitation)

心肺停止時に、心臓マッサージや人工呼吸などを実施する救命処置である。この手技の発達により、溺れた子どもを救命するなど、多くの救急患者の命が救われてきた。蘇生不要(DNAR：Do Not Attempt Resuscitation)の指示がない場合には、通常実施される標準的治療といえる。CPRによる身体的負担として、肋骨骨折・気胸・低酸素血症による脳損傷などがあり、その後(本人が望んでいない場合にも)人工呼吸器につながれる可能性が高くなる。

しかし、本人にとって平穏な終末期が望ましい場合には、かえって患者の尊厳を侵す過剰医療や無益な延命治療になることもあるため、DNAR指示を出すこともある。

②人工的水分栄養補給

患者が経口で水分や栄養を摂ることができなくなった時に実施される、経静脈的輸液(中心静脈や末梢静脈)や経管栄養(経鼻経管栄養・PEG〈経皮内視鏡的胃ろう造設術〉)を指す。

これを医療処置と考える立場もあるし、また、食事の代わりの日常的ケアと考える立場もあるが、基本的な日常ケアである口腔内ケアやできる限りの経口摂取の努力は常に必要である。

3 「患者意思によって延命治療をしないこと」と、「安楽死」「尊厳死」

まず、「安楽死」と「患者の(事前)意思による延命治療差し控え・中止」とはまったく異なる概念であることを明確にする(図2-6)。

(1)積極的安楽死

積極的安楽死(Active Euthanasia)は、患者の命を終わらせる目的で「何かをする」ことである。さらに積極的安楽死は、①自発的安楽死(Voluntary Euthanasia):意思能力を備えた成人が自らの意思で死を望んでいる場合、②非自発的安楽死(Non-Voluntary Euthanasia):重度障害新生児など、本人に判断能力がなく意向を表明できない場合、③反自発的安楽死(Involuntary Euthanasia):意思能力を備えた本人の意向に反する場合、に区別される。このような医師が自ら手を下して患者を死に至らしめる「積極的安楽死」は、倫理的には、いかなる理由があっても禁止されていると考えてよいだろう。

(2)消極的安楽死

消極的安楽死(Passive Euthanasia)は、患者の命を終わらせる目的で「何か(治療)をしない」ことである。積極的安楽死と同様、①自発的安楽死、②非自発的安楽死、③反自発的安楽死に区別される。また消極的安楽死は、必要な治療やケアおよび最大限の疼痛緩和処置などは実施される「患者の自己決定による延命治療の差し控え」とは異なると考えられる。

(3)「患者意思によって延命治療をしないこと」

自己決定を尊重し、最期のときまで尊厳をもって生きる

延命治療がもはや無益と判断された場合、患者が最期のときまで尊厳をもって生きるために「延命治療をやめて病状を自然の経過に戻す」という本人意思を尊重し、延命治療を差し控えたり中止することである。

(4)「消極的安楽死」と「患者意思によって延命治療をしないこと」の違い

行為者の意図が異なる

患者の命を終わらせようとする意図や目的がある場合は「消極的安楽死」であり、それに対して、患者本人に延命治療拒否の(事前)意思があり、その意思を尊重しよう、患者の苦

終末期医療 ⑩

　　1）積極的安楽死（Active Euthanasia）
　　　　"患者の命" を終わらせる目的で「何かをする」
　　2）消極的安楽死（Passive Euthanasia）
　　　　"患者の命" を終わらせる目的で「何かをしない」
　　3）本人の意思・事前指示による延命治療差し控え・中止
　　　　患者が "最期の瞬間まで尊厳をもって生きるため"、本人の「延命治
　　　　療をやめて、病状を自然の経過に戻す」という意思を尊重

図2-6　「安楽死」と「患者の意思によって延命治療をしないこと」の違い

痛を除いてあげようという意図・目的のもとに延命治療を中止・差し控えるのが「患者意思による延命治療差し控え・中止」である。
「患者意思によって延命治療をしない」場合は、必要な治療や快適ケアを実施する（Cure Sometimes, Comfort Always;常に快適ケア、時に治療）
　したがって「患者意思による延命治療差し控え・中止」においては、無益な延命治療は中止したり差し控えたりするが、必要な治療やケアおよび最大限の疼痛緩和処置などは実施されることになる。上記のスローガン「常に快適ケア―ときに治療Cure Sometimes, Comfort Always」がこのことを表している。

▌(5)尊厳死

　さらに尊厳死という言葉もよく使われている。前述の「(3)患者意思によって延命治療をしないこと」を尊厳死と呼ぶ人もいるが、現在、尊厳死の定義については一定の見解はないため、いくつかの見解を紹介する。
①「無駄な延命治療を打ち切って自然な死を望むこと」（東海大学事件判決）
②「新たな延命技術の開発により患者が医療の客体にされること（死の管理化）に抵抗すべく、人工延命治療を拒否し、医師は患者を死にゆくに任せることを許容することである。一般的に、患者に意識・判断能力がなく（例外あり）、本人の真意や肉体的苦痛の存否の確認が困難な点、死期が切迫しているとは限らない点で、安楽死とは異なる」（早稲田、甲斐）
③「無意味な延命治療の拒否」「苦痛を最大限に緩和する措置の希望」「植物状態に陥った場合における生命維持装置の拒否」（日本尊厳死協会「尊厳死の宣言書」）
④「無駄な延命治療……」と定義そのものに、その行為に対する価値判断を含むことになるので、「尊厳死」＝消極的安楽死と解釈する立場
⑤本人の意思・価値観を尊重した「その人らしい生き方（＝死に方）」が尊厳死であるとする立場：この立場においては、本人の自己決定を尊重するのであれば「延命治療を拒否し

医療経営士●初級テキスト8　107

第2章　各論──医療倫理／臨床倫理の具体的テーマとその課題・展望

自然な病状に戻す生き方（＝死に方）」も「延命治療を希望し、死んでいく」生き方（＝死に方）も尊厳死である

米国のいくつかの州（オレゴン、ワシントン、ベルモント、モンタナ、ニューメキシコ＊、ハワイ、カリフォルニア、コロラド）においては、Physician Aid in Dying（医師が致死薬を処方し、患者自らが服用）もDeath with Dignity（尊厳死）と考えられており法制化されているが、日本においては自殺幇助罪となる。

4 終末期医療に関する判例

臨床現場における終末期医療のコンセンサス（合意形成）は、医療現場からの問題提起、患者サイドからの望まない治療を拒否するという問題提起、倫理的視点からの問題提起が、法的判断（判例の積み重ね）を経て、形づくられてきた。

(1)海外の判例

①カレン・クインラン裁判（米国、1976年）

遷延性植物状態であったカレンの人工呼吸器取りはずしを、父親が、彼女の以前の意向に沿って求めた事例である。医師側は標準的医療行為にそぐわないとして対立した。ニュージャージー州最高裁判所は「本人のプライバシー権には治療を拒否する権利も含まれ、死にゆく過程を引き延ばすだけの延命治療を拒否できる。また第三者の視点を取り入れた倫理委員会と家族・医療関係者の合意がある場合は、今後、延命治療に関する意思決定を裁判所に仰ぐ必要はない」とした。

②クラレンス・ハーバート裁判（米国、1982年）

術後心肺停止に陥り回復の見込みがないとされたハーバート氏の人工呼吸器および経静脈栄養の中止を、家族が、本人の口頭事前指示を根拠にして求め、その後本人が死亡した事例である。判決は「判断能力のある患者は延命治療に拒否を示すことができる。また判断能力のない患者の場合は、家族が意思決定の代理人として決定を行ってもよい。代理人は本人の口頭事前指示の要望をくみとり、患者の最善の利益に沿った判断を下すべきであり、治癒不可能な病気においては、余命だけでなく、患者のQOLについて考えなければならない。また、『通常のケア』と『過剰なケア』とを区別する考え方自体を却下し、人工輸液によって得られる個別の患者の利益を、その負担と比較検討し治療方針を決定すべきである。さらに延命治療中止の決定のプロセスにおいて、他のスタッフとの合意形成にも配慮すべき」とした。

＊ニューメキシコ州は、その後、撤退した。

③ナンシー・クルーザン裁判（米国、1990年）

これは連邦最高裁判所が初めて下した判決である。交通事故後遷延性植物状態となったクルーザンに胃ろうが造設されたが、「植物状態で生き続けたくない」という本人の願望をかなえるため、両親が経管栄養を中止するよう要請した事例である。この判決で「望まない治療からの自由は憲法上の基本的人権であり、判断能力がある患者だけでなく、判断能力がない患者にも適用され、そして人工輸液や栄養の拒否もこの範囲に含まれる」「憲法は判断能力のない患者の最善の利益に従うべきである」などが、少数意見ではあるが特記すべきものである。

クルーザン裁判によって、事前指示（アドバンス・ディレクティブ）尊重の重要性が認識され、多くの州の議会では「医療に関する任意代理人制度（DPA：Durable Power of Attorney、持続的代理決定委任状）に関する法律」が制定され、また連邦法である「患者自己決定権法（Patient Self Determination Act）」が、患者の事前指示に関する権利を保障するために制定された。

■（2）日本の判例——東海大学事件（1995〈平成7〉年）

多発性骨髄腫の患者に対して、家族より「治療中止」の要請があり、被告人内科医はすべての治療を中止したが、さらに長男から「早く楽にさせてやってください」と要請があり、それに対してホリゾン・セレネースおよびワソラン・塩化カリウムを注射して死亡させた（積極的安楽死）事件である。横浜地方裁判所の判決により、被告人は有罪（懲役2年・執行猶予2年）となった。

この判例では、積極的安楽死の4要件を主論で示すとともに、付随的意見（＝傍論）として、下記のごとく「治療行為の差し控え・中止」の3要件を示している。

①積極的安楽死の4要件（主論）

ア　患者が耐えがたい肉体的苦痛に苦しんでいること
イ　死が避けられず、その死期が迫っていること
ウ　患者の肉体的苦痛を除去・緩和するために方法を尽くし、他に代替手段がないこと
エ　生命の短縮を承諾する患者の明示の意思表示があること

②治療行為差し控え・中止の3要件（傍論）

ア　患者が治癒不可能な病気に冒され、回復の見込みがなく、死が避けられない末期状態にあること
イ　治療行為の中止を求める患者の意思表示が存在し、それは治療行為の中止を行う時点で存在すること（この意思表示は、3つの要件を満たす家族〈110ページ⑤（2）①参照〉による患者の意思の推定が許される）
ウ　治療行為の中止の対象となる措置は、薬物投与、化学療法、人工透析、人工呼吸器、輸血、栄養・水分補給など、疾病を治療するための治療措置および対症療法である治

第2章　各論——医療倫理／臨床倫理の具体的テーマとその課題・展望

療措置、さらには生命維持のための治療措置など、すべてが対象となってもよい。しかし、どのような措置をいつ、どの時点で中止するかは、死期の切迫の程度、当該措置の中止による死期への影響の程度等を考慮して、医学的にもはや無意味であるとの適正さを判断し、自然の死を迎えさせるという目的に沿って決定されるべきである

現在の臨床現場では緩和ケアが発達し疼痛の軽減は達成されつつある。したがって、倫理的立場からは積極的安楽死は許容されないと考えられている。

5　終末期医療における意思決定のプロセス

終末期医療における意思決定のプロセスについては、厚生労働省をはじめ、緩和医療学会・老年医学会・救急医学会などいくつかの学会、あるいはそれぞれの医療機関が具体的にガイドラインとして示しているので、それらを参照されたい。ちなみに厚生労働省によるガイドラインは、2007（平成19）年版「終末期医療の決定プロセスに関するガイドライン」が改訂され、2018（平成30）年版「人生の最終段階における医療・ケアの決定プロセスに関するガイドライン」になった。

新ガイドラインにおいては、アドバンスケアプランニング（ACP）がクローズアップされ、患者の意思の変化に応じて話し合いを繰り返すこと、患者本人の意思を共有することが重要だとされている。また、「家族」が「家族等」に変更され、友人、隣人なども含まれた。さらに、病院医療だけでなく、在宅医療や介護の現場にも適用され、医療ケアチームへの介護職の参画を明確化した。

以下、終末期医療における意思決定について、倫理的に適切なアルゴリズムを示す。

(1)本人が意思を表明できる場合

適切なインフォームドコンセントを実施し、可能であれば本人の自己決定を尊重することが望ましい。

(2)本人が意思表明できない場合

「適切な代理判断者」による「適切な代理判断の手順」を踏む必要がある。

①適切な代理判断者

（a）患者の性格や価値観を理解、（b）病状・治療・予後について正確に理解、（c）患者の立場にたった真摯な考慮をしている、の3要件を満たしている者であれば、代理判断者として適切であるといえる（109ページ東海大学事件判例参照）

②適切な代理判断の手順

（a）事前指示の尊重、（b）患者意思の推定、（c）最善の利益判断の順に実施する

110　医療経営士●初級テキスト8

終末期医療 ⑩

③家族による代理判断は適切か?

　家族関係がよくない場合や家族内で利益相反がある場合には、家族が必ずしも、患者本人の最善の利益を代弁しない可能性があることを考えると、「家族による代理判断は適切なのかどうか」を慎重に考えなくてはならない。つまり、家族の話(判断)は、本当に「患者本人の意思・意向を推定あるいは反映しているのか」、もしかしたら「家族自身の願望とか都合(家族による自己決定)ではないのか」という、両者の倫理的意義の違いに敏感になる必要がある。

　事実、川崎協同病院事件(下記コラム参照)の2007年高裁判決において、家族の意見をそのまま採用することに慎重な姿勢をみせている部分がある。その判決部分を要約すると、「家族は患者の自己決定の代行ができるか、という問いについては、家族の同意は、本人の同意権の代行にすぎず、家族に同意権を付与しているものではないため、不可ということと。家族は患者の意思推定ができるか、という問いについては、これもフィクションになる可能性があるということ。したがって、家族の意思を重視することは必要だが、家族の経済的・精神的負担の回避という思惑が入る危険がある。自己決定権という権利行使により治療中止を適法とするのであれば、このような事情の介入は、患者による自己決定ではなく、"家族による自己決定"となるので否定せざるを得ない」と述べている。家族の意思や代理判断の意味を考える上で、おおいに参考になるだろう。

---

column　川崎協同病院事件

〈事例〉被告人医師は呼吸器内科部長43歳。58歳患者は気管支喘息重積発作に伴う低酸素性脳症で意識が回復しないまま入院中であった。患者の妻より気管内チューブを抜いてほしいとの依頼があった。医師は、家族へ「抜管することは看取ることになる」と説明した。その時、家族らは無言でうなずいたので、被告人医師は「自然なかたちで看取ろう」と決心した。気管内チューブを抜き、死を待ったが、被告人は苦悶を呈したため、鎮静剤投与するも効果不十分であり苦しそうであった。被告人医師は、その場に居合わせた幼児を含む家族らに、このような状態を見せ続けることは好ましくないと考えた。そして、事情を知らない准看護師に、筋弛緩剤を静脈投与させ、被害者を呼吸筋麻痺による窒息にて死亡させたという事件である。被告人医師は殺人罪で起訴された。

〈判決〉第1審判決(2005年)は懲役3年・執行猶予5年、東京高裁(2007年)で懲役1年6月、執行猶予3年の有罪判決、2009年12月7日、最高裁判所において上告が棄却され、懲役1年6月、執行猶予3年の判決が確定した。

第2章　各論──医療倫理／臨床倫理の具体的テーマとその課題・展望

■ (3)中立性・透明性・コミュニケーション（協働的意思決定）

　意思決定のプロセスにおいて、第三者による中立性や、密室の決定にならないように透明性を確保すること、関係者間の十分なコミュニケーションをとることによって協働的な意思決定プロセスに留意することが重要である。また意見の不一致がある場合には、倫理委員会や倫理コンサルテーションに意見を求めることも必要だろう。

6　DNAR（蘇生不要）指示

　DNAR（Do Not Attempt Resuscitation）、あるいはDNR（Do Not Resuscitate）は、疾病の末期に、救命の可能性がない患者に対して、本人または家族の要望によって、心肺蘇生術（CPR）を行わないことをいう。そして、これに基づいて医師が指示することをDNAR指示という。したがって、CPRを望まないという患者の意思または事前指示に沿って医師が出すことが望ましく、患者の自己決定権に基礎をおいたものである。

　DNRとDNARは底を流れているものが少し違っている。DNRという言葉で表現した場合「その患者はもしかしたら蘇生するかもしれない」というニュアンスがあるが、DNARという言葉で表現した場合には「その患者は末期であり、蘇生の可能性がほとんどない」といった前提が底を流れているという違いがある。そういった理由から、アメリカでは2000年以降、DNRではなくDNARという言葉が使われ始めたという経緯がある。

　日本においては、DNAR指示に際して、CPRだけでなく、他の生命維持治療も差し控えられたり中止されたりしている現状があり、DNAR指示についてのコンセンサスが得られていなかった。また、本人の意思や事前指示が尊重されているとはいえない現実もある。しかし、そのような現状は、DNAR指示によって実質的な延命治療の中止差し控えが、適切なプロセスを経ないで実行に移されていることになり、倫理的・法的に問題があるところである。

　そこで、日本臨床倫理学会は、DNAR指示に関するワーキンググループを発足させ、倫理的に適切なDNAR指示作成プロセスの指針を示した。指針のタイトルは「POLST（DNAR指示を含む）──『生命を脅かす疾患』に直面している患者の医療処置（蘇生処置を含む）に関する医師による指示書」とした。POLST はPhysician Orders for Life Sustaining Treatmentを意味する。Ⅰ；基本姿勢、Ⅱ；ガイダンス、Ⅲ；書式、より構成されている。Ⅱのガイダンスは、6つのパートに分かれ、①コミュニケーション、②患者本人の意思、③家族の意思（代理判断）、④医学的事項、⑤作成の手続き、⑥POLST（DNAR指示）後の配慮についてチェックシートが付いている。

11 事前指示とアドバンスケアプ ラニング(ACP)

　事前指示とは、意思決定能力(competence)の喪失に備えて、自分の望む終末期*医療ケアを指示したり、自分に代わって判断してくれる人(＝代理判断者)を指名することである。本節では、自己決定の権利を担保できることになる事前指示とアドバンスケアプラニング(ACP)について学んでみる。

1 事前指示とアドバンスケアプラニング(ACP)

(1)アドバンスケアプラニング(Advance Care Planning)

　アドバンスケアプラニング(ACP)とは、本人が意思表明できるうちに、自分の終末期医療ケアについて考え、医療ケア専門家がそれに基づいて、前もって、医療ケアの計画を立てることである。もし、本人が意思表明できない場合には、家族等が本人の意向や意思を適切に推定し、医療ケア専門家がそれに基づいて、前もって、医療ケアの計画を立てることを意味する。

(2)アドバンスケアプラニング(ACP)の重要性＝対話・コミュニケーションの重要性

　したがって、本人の意思・願望や事前指示を尊重することが重要であり、そのために何より大切なことは、(まだ意思決定能力があるうちに)患者本人と家族をはじめとする親しい人々・関係者が、十分な対話・コミュニケーションをとるということである。
　実際、2018(平成30)年版「人生の最終段階における医療・ケアの決定プロセスに関するガイドライン」においても、医療・ケアの方針について、事前に繰り返し話し合うべきであることが、強調されているところである。

(3)なぜ、アドバンスケアプラニング(ACP)が重要なのか?

　終末期医療に関するさまざまな倫理的問題、例えば「延命治療をするのか？しないの

＊厚生労働省のガイドラインにおいては、「終末期」という言葉に代わって、「end of life」「人生の最終段階」という言葉が用いられている。

医療経営士●初級テキスト8　113

第2章　各論——医療倫理／臨床倫理の具体的テーマとその課題・展望

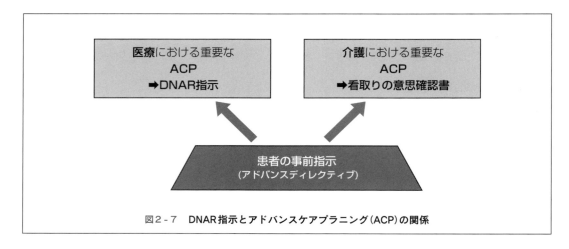

図2-7　DNAR指示とアドバンスケアプラニング（ACP）の関係

か？」「家族は代理判断者（キーパーソン）として適切か？」「本人は、本当に延命治療を望んでいなかったのか？」「家族の代理判断は適切か？」「本当に終末期なのか？治療は役立たない（無益）か？」「予期していなかった事態が起きたときはどうしようか？」などは、患者や家族だけでなく、医療ケア専門家をも悩ませる困難な問題である。

　アドバンスケアプラニング（ACP）は、最近、しばしばクローズアップされている言葉であるが、決して突然にACPという言葉が出てきたわけではない。「終末期医療におけるこれらの倫理的問題をどうやって解決すればよいのか？」という医療ケア専門家の苦悩に満ちた深い悩みの中から、「終末期医療の倫理」を熟慮・発展させてきたプロセスから生まれた産物なのである。

　したがって、これらの倫理的問題を、社会全体【患者・家族】【医療】【介護】で、事前に、考えておくことによって、本人の意向や価値観を理解・推定できることになり、今後は、よりよい解決に向かうことができるようになる。それでも解決困難な場合には、多職種協働の倫理コンサルテーションによる助言のシステムを構築することによって、よりよい解決に結びつくことができるであろう。

(4) 事前指示とアドバンスケアプラニング（ACP）の関係

　事前指示は、ACPよりも前につくられることもあるし、ACPを計画する話し合いのときに口頭（事前）指示として、あるいは書式による（事前）指示としてなされる場合もあるだろう。事前指示のタイミングについては決まりはなく、その状況において、最もふさわしい形で、コミュニケーションを深めながら、本人の意向や考え方・価値観が表出できるように支援をすることが大切であろう。

　ACPは、患者の意思や事前指示に沿って、あるいは患者の意思を適切に推定してなされることが望ましいので、今後、患者サイドにおける事前指示の普及が望まれる。

　また、医療分野における最も重要なACPはPOLST（DNAR指示）である。したがって、

医療において適切なACPを実践するためには、POLST（DNAR指示）を倫理的に適切な手続きで作成する必要がある。

介護分野における重要なACPは「看取りの意思確認」である。したがって、介護において適切なACPを実践するためには、「看取りの意思確認書」を倫理的に適切な手続きで作成する必要がある。

2　事前指示書の内容

事前指示書とは、重い病気にかかったり、認知症になったりして、自分の意思を伝えることができなくなったときに、最期の瞬間まで、自分らしく尊厳をもって生きるために、自分の終末期医療・ケアをどのようにしてほしいのかについて意思表示しておく書面である。

その具体的内容は、①本人に代わって、医療やケアに関する判断・決定をする人（＝代理判断者）を指名する、②望む医療処置・望まない医療処置について記載する、③残された人生を快適に過ごし、充実したものにするためにどのようにしてほしいのか、④大切な人々や家族に伝えたいこと、などを明確にすることができる。また、事前指示書を作成する際に、強要・強制・欺瞞や不当な影響下になかったことを確認する必要がある。

また、医療者の立場からすれば、患者本人の意思がわからない場合には、原則として標準的医療を実施することになる。治癒の可能性のある病気の場合には、頑張って治療に臨むことが大切だが、治癒の見込みがなく、延命治療が苦痛を増したり、死の経過を長引かせるだけの可能性がある場合には、自分自身で自分のことを決めることができるうちに、自分自身の人生の最期の生き方（終末期の医療・ケア）について決めることができる。

実際、多くの国々の終末期医療のガイドラインにおいても、第一番目には、「まず患者の事前指示があればそれを尊重する」となっており、終末期医療・ケアの決定には、本人の意思や願望を尊重することが重要である。

3　事前指示が有用である理由

終末期の医療・ケアに関する選択は、患者本人の意思がわからない場合には、家族にとって大変困難な苦悩を伴う決断となる。

事前指示が有用である理由として、①患者の自己決定権を尊重することになる、②家族が、患者本人の意思を根拠無く憶測することの心理的感情的苦悩を避けることができる、③医療・介護従事者が法的不安を軽減できる、④事前指示書作成のプロセスそのものが、患者・家族・医療介護関係者とのコミュニケーションを促進し、信頼関係を深めることになる（コミュニケーションツールとしての役割）、などが挙げられる。

第2章　各論──医療倫理／臨床倫理の具体的テーマとその課題・展望

4　事前指示使用にあたっての留意点

　事前指示は、本人の意思決定能力がなく自己決定できない場合において、本人の意思がもっとも反映される方法といえるが、①病気・治療の内容について、充分に想定・理解していない場合、②現時点の意思ではなく、以前の意思であること、③客観的にみて、現時点の患者の最善の利益に合致していない場合、④第三者に都合のよいように解釈されることがあるなど、その使用にあたって留意する必要がある。

5　事前指示書作成の実際

　事前指示作成に際しては、以下の項目に留意することが重要である。

①延命治療をやめても、必要な治療や快適ケアは受けられる

　無益な延命治療をやめても、痛みや呼吸困難を和らげるための医療処置や、日々を快適に過ごすためのケアは適切に実施されなければならない。

②コミュニケーションを通じて信頼関係を深める（コミュニケーションツールとしての役割）

　患者本人の幸せや最善の利益を心から考え、その生き方に共感を示しコミュニケーションを深めることが、よりよい事前指示書の作成のプロセスである。その結果、家族内における理解を深め、また医療者との信頼関係もさらに深めることにつながる。

③事前指示作成には適切なタイミングが大切

　事前指示作成には、適切なタイミングが大切である。患者本人は事前指示を書きたいと考えているのか？　あるいは、家族は事前指示を受け入れたり、尊重したりできる関係にあるのか？　についても見極める必要がある。

④すべての関係者に理解を促す

　日本では家族を中心とした「関係性のなかでの自己決定」が重きをなす。そして、同居の家族だけでなく、ふだんは関わりがおろそかである遠くの親戚の人々にも理解してもらうためにも、患者本人が書いた事前指示書は有用である。

⑤疼痛のコントロール

　平穏な気持ちで、真意を表す事前指示書を書くためには、疼痛のコントロールをしておくことが大切である。

⑥終末期ケアについて皆で話し合う

「死」について話をするのは気が重いことだが、それはとりもなおさず、本人の「生」「生き方」について語り合うことに他ならない。その結果、家族の絆も深まる。

⑦事前指示書の内容を再確認する

　事前指示書作成のプロセスにおいては、患者や家族だけでなく、医療・介護関係者も、"揺れる思い"を経験する。患者の意向は、身体的状況や周囲の状況に応じて変わることを忘

116　医療経営士●初級テキスト8

事前指示とアドバンスケアプランニング（ACP）**11**

あなたに代わって、あなたの医療や
ケアに関する判断・決定をしてほしい人

あなたが望む医療処置・
望まない医療処置について

私の四つのお願い

あなたの残された人生を快適に過ごし、
満ち足りたものにするために

あなたの大切な人々に
伝えたいこと

図2-8　事前指示書「私の四つのお願い」

れずに、定期的に、あるいは必要に応じて、その内容を再確認することが大切である。

　事前指示書である「私の四つのお願い」は、アメリカの36州で法的効力をもち、100万人以上の人々が利用している事前指示書「Five Wishes」を参考にして、日本人の家族観・宗教観に合わせてつくられている。

医療経営士●初級テキスト8　117

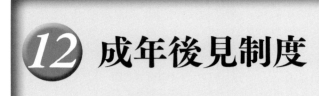

12 成年後見制度

　本節では、生活や契約等に関する事理弁識能力が減退した場合に利用する法定後見制度、および将来の減退に備える任意後見制度について学んでみよう。

1　成年後見制度

　成年後見制度は、法定後見制度と任意後見制度からなる。法定後見制度については「成年後見人は被後見人の生活・療養看護・財産管理に関する事務を行う」(民法858条)と規定されている。事理弁識能力が減退している場合には、財産管理および身上監護に関する法律行為(診療契約や介護契約の締結、その報酬の支払いなど)を後見人(保佐人・補助人)が代わって行うことができる。
　これに対して、任意後見契約に関する法律は、認知症などによる将来の判断能力の減退に備えて、元気なうちに、事前に、自分の意思(任意)で、後見人およびその代理行為の内容を決定し、契約をする任意後見制度について定めている。
　すでに判断力が充分でない人の保護を図る法定後見制度と、将来の判断能力低下に備える任意後見制度は、人々の権利を養護するために大切な制度であり、両者を合わせて成年後見制度と呼ぶ。
　なお、終末期医療など医療に関する同意・決定権については、現時点では、成年後見人にはないとされているが、実際の医療・介護現場では代理判断する人が他にいない場合には、成年後見人に意見を求めることがしばしばあり、今後、後見人の医療同意(代諾)の問題も検討する必要がある。

(1) 法定後見制度

　単独では有効な法律行為をなしえない判断能力(事理弁識能力)の不充分な成年(認知症のある高齢者、知的障害者、精神障害者など)を保護するために、「民法」に設けられた制度である。法定後見制度は「すでに判断能力が減退している」場合に利用する。事理弁識能力の減退の程度に応じて「補助：事理弁識能力が不充分」「保佐：事理弁識能力が著しく不充分」「後見：事理弁識能力がほとんどない」と区分され、それぞれ、「補助人」「保佐人」「成年後見人」、およびそれらの監督人が支援をする。

法定後見における代理行為の内容は、金銭の貸借・不動産売買・贈与・相続などの重要な法律行為である。もちろん成年後見制度を利用しても、日常の買い物など日常生活に関する行為は、単独ですることができる。法定後見制度においては、「補助」および「保佐」の一部で、本人の同意が必要である。他方、「後見」では本人の同意は要しない。

■（2）任意後見制度

　任意後見制度について定めている「任意後見契約に関する法律」は、2000（平成12）年4月、介護保険法と同時に施行された。介護保険契約・施設入所契約・診療契約は法律行為のため、本人の事理弁識能力が必要だからである。この法律は、認知症などによる将来の判断能力の減退に備えて、事理弁識能力があるうちに、事前に、自分の意思（任意）で、後見人および代理行為の内容を決定し契約をする任意後見制度について定めている。これは本人の自己決定を尊重しようという趣旨の制度で、元気なうちに「将来どのようにするのか」を自分自身で決めておけば、自分の望みどおりの支援を将来受けることができる。任意後見契約は公正証書を作成し、法務局で登記をする必要がある。

　本人が指名した任意後見人は、あらかじめ本人が定めておいた法律行為（介護保険契約・施設入所契約・貯金の管理・不動産の売買など）を代わって行う。ただし、終末期医療における意思決定に関する事項は、代理権の内容に含まれないと考えられている。任意後見人は、親族および第三者（例えば弁護士、司法書士、役所の職員等）でもなることができる。

	成　年　後　見　制　度			
	法定後見制度			任意後見制度
	補助	保佐	後見	
判断能力	判断力が不充分	判断力が著しく不充分	判断がほとんどできない	今は判断力あり
本人の同意	○	○	×	×	○
代理行為	申し立て時に選択した特定法律行為および重要な法律行為	申し立て時に選択した特定法律行為		あらかじめ定めておいた、自己の生活、療養看護および財産上の管理に関すること
		重要な法律行為	重要な法律行為	すべての法律行為	
支援する人	補助人（監督人）	保佐人（監督人）	成年後見人（監督人）	任意後見人 任意後見監督人

図2-9　成年後見制度

第2章　各論──医療倫理／臨床倫理の具体的テーマとその課題・展望

13 倫理委員会／倫理コンサルテーション

　倫理コンサルテーションは、American Society for Bioethics and Humanitiesによれば、「患者、家族、代理人、医療従事者、他の関係者が、ヘルスケアの中で生じた価値問題に関する不安や対立を解消するのを助ける、個人やグループによるサービス」と定義される。

　例えば、患者が終末期にある時、今後の治療方針について、患者自身・家族・医療ケアチームの合意が成立していても、時に、治療の無益性や治療限界などについて、意見の不一致が生じることがあるし、今後の患者についての不確実さがこれに拍車をかける。このような終末期医療の場面、あるいは日常診療や日常ケアの場面におけるさまざまな倫理的問題点に対しては、倫理コンサルテーションや倫理委員会が今後の対応について利用される。本節では、倫理コンサルテーションの考え方や手順について学んでみよう。

1　意見の不一致

　意見の不一致には、①医療ケアチーム内におけるもの、②患者の自己決定の内容に家族が反対の場合、③患者あるいは家族による理不尽な治療の要求（現実的でない期待を抱いている場合）、④患者からの不適切な治療中止の要求（明らかに患者の最善の利益に適わないと判断される場合）などがある。もっとも、意見の不一致が顕在する場合もあるが、多くはお互いが違和感を感じて、その背景に意見の不一致等があることに気づかない場合もある。

2　意見の不一致の解決方法

　これらの意見の不一致を解決するために、以下の方法がある。各ケースごと、どの解決方法がもっとも適しているのかを検討する。
①時間をかけ、話し合いを繰り返す

　もし、延命治療に関する決断が急を要しなければ、家族に、患者の死が迫っているという事実を受け入れるための時間を充分に与え、さらなる話し合いをもつ。
②セカンドオピニオンを求める

120　医療経営士●初級テキスト8

倫理委員会／倫理コンサルテーション ⑬

家族が診断や予後についての心配や不安を表した場合には、その医療ケアチームとは独立した専門家からセカンドオピニオンを求める。

③合意に向けた対話を促進する

話し合いが行き詰まったときには、中立的第三者に関与してもらうことは、患者や家族の心配事や不安を明確にし、それらに公平に対処するのに役立つ。これには、メディエーションや、わが国の医療制度上では医療対話推進者が関わることもあるだろう。

④トライアルピリオドを設ける

一定期間を限って、ある治療にトライしてみるトライアルピリオドを設けることは、予後についての不確実性を明確にし、意見の不一致の解決に役立つ。しかし、どの程度の期限に限るのか？　その期限が来たら心理的にあきらめきれるのか？　など、さらなる困難な問題に直面せざるをえない場合もある。

以上のほか、次のような方法があり、本稿では特に重点的に紹介するのが、倫理コンサルテーションとADR裁判外紛争解決である。

⑤倫理コンサルテーション
⑥倫理委員会(interdisciplinary ethics committee)
⑦主治医の交代・転院
⑧ADR裁判外紛争解決
⑨法的介入

3　倫理コンサルテーション

関係者間で顕在ないし潜在化した意見の不一致が解決できない場合には、第三者である倫理専門家によるアドバイスが解決の糸口を与えることができる場合がある。患者本人や家族、代理判断者、医療提供者などに対して、医療に関する日常業務の中で生じた「倫理的価値に関する問題」についての不安や対立を解消するのを助ける倫理専門家(個人あるいはグループ)による助言のシステムが倫理コンサルテーションである。

倫理コンサルテーションは、関係者間の対話を促進し、何が倫理的問題かを明らかにし(同定：Identifying、分析：Analyzing)、患者本人や家族、あるいは医療提供者が判断・決断できるように支援するものである(解決：Resolving：助言・支援)。したがって、医療の内容を批判したり、本人や家族に代わって決定を下すものではない。また、倫理コンサルテーションにおいて、正しい事実認識がなければ正しい倫理判断はできないので、可能であれば、(二次データを鵜呑みにせず)一次データを集める必要がある。一次データには「医学的事実」についてだけでなく、「患者の意思を推測するための価値観」等についての情報も含まれる。そして、先入観をもたずに、平等に意見を聴き、「充分な話し合いをした」という満足感が得られるようなコミュニケーションを心がける必要がある。

医療経営士●初級テキスト8　121

第2章　各論──医療倫理／臨床倫理の具体的テーマとその課題・展望

倫理委員会と比べ少人数のため、より迅速に対応でき、倫理的専門知識も豊富であるが、助言者が少ない場合には、個人の価値観・偏見が入り込みやすいという欠点もある。

4　倫理委員会(interdisciplinary ethics committee)

倫理コンサルテーションによっても関係者間の意見の不一致が解決できない場合には、多職種からの構成メンバーが、日常臨床ケースや臨床研究における"倫理的価値に関する問題"について助言を与えるものが倫理委員会である。現実の病院組織としては、倫理委員会の一部の機動的メンバーを倫理コンサルテーションと称したり、倫理コンサルテーションメンバーでは重い課題の場合に、上位組織として位置づけられるもの等がある。通常、構成メンバーとしては、医師・看護師・ソーシャルワーカー・宗教関係者・法律関係者・一般市民などが想定される。しかし、緊急時の遅滞や責任の分散、集団思考などの問題点もある。

5　ADR(Alternative Dispute Resolvtion)裁判外紛争解決

医療ケアにおける意見の不一致が前述の方法によっても解決できず、紛争となってしまった場合には、裁判など、法的措置をとらざるをえない場合もある。しかし、時間がかかり、また関係者間にわだかまりや禍根を残すなど、法的解決が最善の方策でない場合もある。そこで海外ではADR裁判外紛争解決というシステムが機能し始めている。日本ではその紹介が緒に就いたばかりである。前述のように、院内の調停人(Mediator)や医療対話推進者が関わる場合もあるが、より中立性と独立性の高い、院外の調停人(Mediator)が関わる場合もある。調停人は関係者双方の意見をよく聴取し、互いの価値観を明確にし、コミュニケーションを促進する役割を果たす。そして双方が満足いく解決方法を模索していく。

このような終末期医療などに関する意見の不一致は、患者およびその家族と医療ケアチームとの、早い時期からの共感を伴ったコミュニケーションによって未然に防止することも可能である。それらのコミュニケーションとは、治療目標や起こりうる結果などの医学的事実と、患者の価値観や願望などの倫理的価値観を明確にするものである。

2012(平成24)年に設立された「日本臨床倫理学会」において、倫理コンサルテーションを通じて医療ケアにおける倫理的・法的問題を解決しようという試みが始まり、具体的なケースとして、「本人の事前の意思がわからない経口摂取不良となった認知症高齢者の胃ろうをどうすべきか?」「車いすからの転倒事故による骨折で、家族が訴えると言った場合どうしたらよいのか?」「DNAR蘇生不要指示の出ている患者や家族に対して、医療ケア

チームは、どのような配慮をしたらよいのか？」などがある。さらに、同学会では、2016（平成28）年から、医療介護の現場で倫理問題の解決の中核的役割を果たす臨床倫理認定士の養成が始まっている。

医療者の労働環境・安全 ——QWLの提言

　医療者の労働条件は過酷であり、そのことが、医療事故を起こす温床となったり、自らの仕事への熱意を奪ってしまうことがある。そうすると、結局は患者のQOLに悪影響を及ぼしてしまう。「働き方改革実行計画」（2017〈平成29〉年3月28日、働き方改革実現会議決定）に基づき、厚生労働省の「医師の働き方改革に関する検討会」が、「中間的な論点整理」および「医師の労働時間短縮に向けた緊急的な取組」を取りまとめた。医療にも、「労働」の観点から見直しが行われている。今後、QWL（Quality of Working Life）の観点が、ますます重視されるであろう。

　そこで本節では、医療者の労働条件を担保するための、QWLという言葉を通じて、労働者である医療者が法によりどのように守られているのかを、いくつかのテーゼを定立しながらみてみる。

1　テーゼⅠ　「医療者（医療・看護・介護）の労働環境が十全で、安全であることは、労働の前提であり、それを求めることは労働者としての権利であり、義務である」

　これまで医療・介護においては、労働者の労働条件を論ずることはタブー視されてきたのではないか。誰もが問題と考えながら、職場や労働の現場からなかなか声をあげることができなかった。その原因は、医療・介護者が、1人の「労働者」としての自覚をもって、職場や労働の現実への改善に対して、なかなか意見を言えなかったことにあるだろう。

　例えば、職場の改善をもちだすことは、本人の能力のなさを露見するものとして避ける雰囲気があった、現実の労働現場は慢性的な労働負荷が高く、労働の条件の改善を求めることは難しかった、医療・看護・介護は、1人ひとりの患者らごとにケアの内容が異なり、そのケアの提供が優先され、ケア提供者の労働条件は優先順位が低かった等が背景にあるだろう。

　しかしこの考え方に安住することは、医療・介護者が1人の労働者として適正な労働条件・環境で労働することが、なぜ重要であるのかということの洞察に欠ける考えであろう。自らが1人の労働者として生き生きと労働できること（QWL）がなければ、患者らのケア・安全に結びつかないということへの自覚である。

　米国では、看護師のある一定の長時間労働が医療事故と有意に関連することを示す報告（KEEPING PATIENT SAFE：Transformation the Work Environment of Nurse

医療者の労働環境・安全──QWLの提言 **14**

Institution of Medicine 2003)があるし、医療者は経験的に気づいている。つまり、「１人ひとりの労働者の働く環境の整備」を求めることは労働者の権利に留まらず、患者らにケアを提供する医療者にとって(患者らへの)義務でもあると考えられる。

2 テーゼⅡ 「医療者も労働者である」

　医師や看護師、そして介護者の過重勤務はしばしば指摘されてきた。こうしたなか、最高裁判所(2005〈平成15〉年６月３日、第二小法廷判決)は、研修医について労働者性を認める判決をだした。事案は、大学付属病院(耳鼻咽喉科)に研修医として所属していたＡさんが、早朝から夜間の連日の研修(裁判所の事実認定では、１月300時間、残業も150時間を超えていたとされている)を受け、急性心筋梗塞(疑い)で死亡(当時26歳)したことをきっかけとして、Ａさんの父親の社会保険労務士が、最低賃金法所定の最低賃金額を下回る給与額しか支払われなかったとして、大学に対して差額賃金の支払を請求したのに対する最高裁判決である。

　判決は、「研修医は、医師国家試験に合格し、医籍に登録されて、厚生労働大臣の免許を受けた医師であって(医師法２条、５条)、医療行為を業として行う資格を有しているものである(同法17条)ところ、同法16条の２第１項は、医師は、免許を受けた後も、２年以上大学の医学部もしくは大学附置の研究所の附属施設である病院または厚生大臣の指定する病院において、臨床研修を行うように努めるものとすると定めている。この臨床研修は、医師の資質の向上を図ることを目的とするものであり、教育的な側面を有しているが、そのプログラムに従い、臨床研修指導医の指導のもとに、研修医が医療行為等に従事することを予定している。そして、研修医がこのようにして医療行為等に従事する場合には、これらの行為等は病院の開設者のための労務の遂行という側面を不可避的に有することとなるのであり、病院の開設者の指揮監督のもとにこれを行ったと評価することができる限り、上記研修医は労働基準法９条所定の労働者に当たるものというべきである」となる。

　この判例は、直接には、あいまいな身分のまま医療機関で働く研修医を「労働者」と認めた最高裁初の判断であり、医療の現場では、研修医に限らず、医療職が職務に相応しい労働者として権利を守られるべきであるという、当然と言えば当然な考えの広まりに大きな影響を与えるものとなった。つまり、医療・介護者も当然のごとく労働者であり、労働者である以上、職場や働く現場の環境整備を求めることは当然の権利といえよう。

3 テーゼⅢ 「医療従事者が、労働条件の整備を求めるのは義務である」

　医療・看護・介護の人手不足は今に始まったわけではないが、最近の医療・介護の経営や保険・介護保険点数の変更から、そのしわ寄せが、現場、特に臨床ナースや介護従事者

医療経営士●初級テキスト8 | **125**

第2章　各論──医療倫理／臨床倫理の具体的テーマとその課題・展望

に及んでいる。今般の医療関連法の改正もこれを推し進めるものと思われるが、今後、医療者として、このような大きな流れから、自分自身や患者・高齢者を守るために、どのようなことをすればよいのだろうか。

　厚生労働省は施策として、医療職に限らない全職種について、①2000（平成12）年8月「事業場における労働者の心の健康づくりのための指針」、②2001（平成13）年12月「職場における自殺の予防と対応」（自殺予防マニュアル）、③2001（平成13）年11月「脳・心臓疾患の認定基準に関する専門検討会報告書」、④2002（平成14）年2月「過重労働による健康障害防止のための総合対策」、⑤2004（平成16）年8月「過重労働・メンタルヘルス対策の在り方に係る検討会報告書」、⑥2006（平成18）年1月「今後の労働時間制度に関する研究会報告書」（なお、2006年に労働安全衛生法が一部改正されている）などを進めている。

　しかし、これら施策等の主眼（中心課題）は、労働が「疾患（過労死等）や事故（自殺）」に結びつくことの防止であり、その前の段階である労働者が「生きいきとして労働する」（QWL）ことには、関心を払っていない。だが、医療従事者が、過労死や自殺に追い込まれることはそもそも言語道断としても、その前段階で医療従事者のQWLが保障されていなければ、本当に良質のケアを提供できない。疲れていればミスも起きるし、自らが楽しく生きいきと労働していなければ、ケアを受ける患者らを傷つける（心ない一言、手抜きのケア等）ことにもなりかねない。つまり、労働条件や環境が劣悪であればケアの質が低下し、そのしわ寄せは、結局のところケアを受ける利用者や家族に及ぶ。とすれば、医療・看護・介護現場の労働条件を整備するために声をあげることは、医療従事者の患者家族への義務であるともいえる。

4　テーゼⅣ　「医療者の労働環境・安全確保は、事業者・使用者も責任を負う」

　労働安全衛生法3条1項は、「（事業者等の責務）事業者は、単にこの法律で定める労働災害の防止のための最低基準を守るだけでなく、快適な職場環境の実現と労働条件の改善を通じて職場における労働者の安全と健康を確保するようにしなければならない。

　また、事業者は、国が実施する労働災害の防止に関する施策に協力するようにしなければならない」と規定するだけではなく、最高裁判所も、「雇傭契約は、労働者の労務提供と使用者の報酬支払をその基本内容とする双務有償契約であるが、通常の場合、労働者は、使用者の指定した場所に配置され、使用者の供給する設備、器具等を用いて労務の提供を行うものであるから、使用者は、右の報酬支払義務にとどまらず、労働者が労務提供のため設置する場所、設備もしくは器具等を使用し又は使用者の指示のもとに労務を提供する過程において、労働者の生命及び身体等を危険から保護するよう配慮すべき義務（以下「安全配慮義務」という。）を負っているものと解するのが相当である。」（最高裁昭和59年4月10日、第三小法廷）と指摘している。

126　医療経営士●初級テキスト8

5 テーゼV 「法が労働者である医療者を守る」

　ここで、法が労働者を守るという観点から説明をしたい。法というと、責任追及と思うかもしれないが、労働者を支える意味をもつ、労働3法（労働組合法、労働基準法、労働安全衛生法）というものがある。

　まず、労働組合法は、労働者が使用者との交渉において対等の立場に立つことを促進し、労働者の地位を向上させ、労働者がその労働条件について交渉するため労働組合を組織し、団結することを守り、労働協約の締結のために団体交渉をすること等を保障した法律である。労働組合の結成の保障、使用者との団体交渉やストライキなど労働争議に対する刑事上・民事上の免責要件などが定められている。

　次に、労働基準法は、憲法27条2項（勤労条件の法定の原則）に基づき、労働者の労働条件の最低基準を定める基本法である。均等待遇の原則や男女同一賃金の原則など労働に関する基本原則（労働憲章）を明示した総則に続き、労働契約（2章）、賃金（3章）、労働時間、休憩、休日、年次有給休暇（4章）、安全・衛生（5章）、女子・年少者（6章）、技能者の養成（7章）、災害補償（8章）、就業規則（9章）、寄宿舎（10章）、監督機関（11章）などに関する規定をおいている。本法律の大きな効果は、①法に定められている基準以下で労働者を使用した使用者には罰則が規定されている（13章）、②同時にその労働契約も無効となり、無効となった部分は本法の基準がそのまま契約の内容となる（強行法規性という）ことにある。

　そして、労働安全衛生法は、労働災害の防止のための危害防止基準の確立、責任体制の確立、責任体制の明確化および自主的活動の促進の措置を講ずる等、その防止に関する総合的計画的な対策を推進し、職場の労働者の安全と健康を確保し、快適な作業環境の形成を促進する。この法は、①労働大臣による労働災害防止計画の策定、②事業者による安全衛生体制の確立、③労働者の危険または健康障害を防止するための措置、④機械および有害物に関する規制、⑤労働者の就業に当たっての措置、⑥健康管理などの規定を定めている。

　つまり、労働法制度をよく理解し、法を使った医療現場の改善が必要であるが、これは一昔前の、労働者と管理者が全面対立するのではなく、よいケアを患者に提供するには、どのような労働条件がふさわしいかをともに考えていく問題である。これ以外に、公益通報者保護法なども、職場改善のために使うことがあろう。

　もっとも、最大の問題は超過勤務問題であるが、労働基準法40条では、「公衆の不便を避けるために必要なものその他特殊の必要あるものについては、その必要避くべからざる限度で、32条から32条の5までの労働時間及び34条の休憩に関する規定について、厚生労働省令で別段の定めをすることができる」とし、これに基づき、厚生労働省労働基準局長：基発第0319007号：平成14年3月19日「医療機関における休日及び夜間勤務の適

第2章　各論——医療倫理／臨床倫理の具体的テーマとその課題・展望

正化について」と、厚生労働省労働基準局監督課長：基監発第1128001号：平成14年11月28日「医療機関における休日及び夜間勤務の適正化の当面の対応について」が発出されている。

6　テーゼⅥ　患者・家族との関係は、対立関係ではなく、協調関係であること －新しい患者サポート体制への期待

今、多くの医療機関や医療者から、「クレーマー患者」「モンスター患者」から自分たちの労働環境が脅かされているという声が多数聞こえてきている。厳しい言い方をすれば、これに便乗した研修等がその実効性を担保しないまま行われている。ここでは、次のような考え方を持って対応すべきと考える。

▌(1) 医療者と患者・家族の関係は、本来協力関係であること

医療は、患者のQOLの向上を目的とする、患者家族と医療者との共同行為である。本来同じベクトルを共有する関係で、「話しを聴かない医療者」と「何でも不満を言う患者家族」との関係ではない。仮に、そのような場面に出会っても、粘り強く、「対立関係」を「協調関係」に転換することが必要となる。

▌(2) 医療者と患者・家族の関係は、「契約」に基づく権利義務関係という側面を有すること

しばしば、医療者はクレーマー患者と安易に表現するが、その患者が、本来医療者が説明すべきことをしていないのに、これを求めたとすれば、むしろそれは、医療者の説明義務違反となる。医療者と患者との関係は準委任契約関係にあり、民法には、「(受任者による報告) 645条　受任者は、委任者の請求があるときは、いつでも委任事務の処理の状況を報告し、委任が終了した後は、遅滞なくその経過及び結果を報告しなければならない。」と規定している。

▌(3) 医療は、患者・家族の要望を全てかなえることは難しく、対立したり、信頼関係を危殆させる素地があること

(1)や(2)の関係を理解していても、医療は、必ず患者を「治癒させること」や、「手術を常に成功させること」はできない。治癒しなかったり、手術が成功しなかった場合には、患者・家族は「分かっていても」「医療者を責めてしまうこと」がある。特に、普段から医療者と信頼関係が成立していない際に、予期しない出来事(事故や説明が不十分)が起これば、患者・家族が医療者を強く責めてしまうことがある。医療行為が不十分な場合もあるが、多くは、医療は適切でありながら、不満が直接医療者に申し立てられると、医療者はこれを受け止めることができない。そこで、現在、厚生労働省は、患者サポート体制を立ち上げている。患者家族を支援し、医療者と患者家族の間の説明と対話を促進するために、「医療対話推

進者」等を含めた体制を整えた病院は、2012年（平成24）年度の診療報酬改定により、報酬を得ることができる（患者サポート体制充実加算：入院初日に限り入院患者ごと70点）こととなった。

　今後、院内での医療対話推進者を中心とした「患者家族支援、医療者と患者家族との対話の推進」が、閉塞感のある「クレーマー患者問題」「キレる医療者問題」への適切な解決方策として機能し、医療者の負担を軽減し、より医療者の労働環境が向上されることが期待される。

（4）患者・家族支援体制の調整と対話推進の役割を果たす者としての医療対話推進者

　そして、これに応じて、厚生労働省研究班の報告書「医療対話推進者の業務指針及び養成のための研修プログラムの作成指針、－説明と対話の文化の醸成のために－」（研究代表者：中京大学法科大学院教授・稲葉一人）が提出され、2013（平成25）年1月10日の厚生労働省医政局総務課長通知、同年3月21日の厚生労働省保険局医療課通知（疑義照会）を踏まえ、各種団体が医療対話推進者養成研修を実施している。今後、医療対話推進者が実際の臨床現場で「役に立っている」のかを検証し、医療対話推進者を組織が、そして何よりも患者家族が、どのように利用することが有効であるのかという点が、課題となる。

確認問題

問題1 研究倫理について、誤っているものを選べ。

[選択肢]

① ヘルシンキ宣言は、人を対象とする医学研究をする者すべてが遵守しなければならない倫理原則である。

② 医学研究は、医学の進歩や社会への貢献のために重要であるが、研究に参加する人々の人権や健康にも配慮が必要である。

③ 医学研究について、日本においては法律ではなく、厚生労働省による指針が規定さている。

④ 認知症などの意思決定能力が低下した人々の研究参加については、家族が代わりに決定する。

⑤ 上記のすべて。

確認問題

解答　解説

解答 1　④

解説 1

7節（86 ～ 89ページ）参照。

①○：ナチスによる人体実験の反省に立ち、人を対象とする医学的実験の倫理規定である「ニュルンベルグ綱領」がつくられた。その後、1964年には人を対象とする医学研究の倫理原則である「ヘルシンキ宣言」がつくられた。

②○：人を対象とする医学研究の倫理原則においては、「医学の進歩と社会への貢献」と「研究参加者の人権・健康の保護」のバランスをとることをその目的としており、研究を遂行する研究者には、科学的資質だけでなく、倫理的資質が求められている。

③○：日本においては、「臨床研究に関する倫理指針」（厚生労働省）と「疫学研究に関する倫理指針」（文部科学省）が、2014（平成26）年12月に新指針「人を対象とする医学系研究に関する倫理指針」になった。

④×：認知症であっても、インフォームドコンセントを与える能力がある個人の参加は自発的でなければならない。また、本人に同意能力がない場合であっても、研究者は家族等の代理人からの同意に加えて、本人の賛意（assent）を得る必要がある。被験者候補者の不賛意（dissent）は尊重されるべきである。

医療経営士●初級テキスト8　131

確認問題

問題2 成年後見制度について、誤っているものを選べ。

[選択肢]

①医療内容に関する意思決定能力の減退に備えるのが事前指示であり、生活や契約等に関する事理弁識能力が減退した場合に利用するのが法定後見制度である。

②成年後見制度は、法定後見制度と任意後見制度からなる。法定後見制度はすでに判断力が十分でない人の保護を図り、任意後見制度は将来の判断能力低下に備えるものである。

③法定後見制度は、事理弁識能力の減退の程度に応じて「補助；事理弁識能力が不十分」「保佐；事理弁識能力が著しく不十分」「後見；事理弁識能力がほとんどない」に区分されている。対象者は、自由に買い物などをすることができない。

④介護保険契約・施設入所契約・診療契約などの法律行為に備えるため、「任意後見契約に関する法律」は、2000（平成12）年4月、介護保険法と同時に施行された。

⑤上記のすべて。

確認問題

解答｜解説

解答 2 ③

解説 2

12節（118〜119ページ）参照。

①○：すでに判断力が十分でない人の保護を図る法定後見制度と、将来の判断能力低下に備える任意後見制度は、人々の権利を保護するために大切な制度であり、両者をあわせて成年後見制度と呼ぶ。

②○：任意後見契約に関する法律は、認知症などによる将来の判断能力の減退に備えて、元気なうちに事前に自分の意思（任意）で、後見人およびその代理行為の内容を決定し、契約をする任意後見制度について定めている。

③×：法定後見制度における代理行為の内容は、金銭の貸借・不動産売買・贈与・相続などの重要な法律行為であり、この制度を利用しても、日常の買い物など日常生活に関する行為は単独で行うことができる。

④○：選択肢のとおり。

医療経営士●初級テキスト8　133

参考文献

第1章

①生命倫理（バイオエシックス）の発展と医療倫理

木村利人（編集主幹）、『バイオエシックス・ハンドブック—生命倫理を超えて—』、法研、2003

大林雅之、『生命の淵—バイオエシックスの歴史・哲学・課題—』、東信堂、2005

ドローレス・ドゥーリー、ジョーン・マッカーシー（著）、坂川雅子（訳）、『看護倫理3』、みすず書房、2007

赤林朗、大林雅之（編著）、『ケースブック　医療倫理』、医学書院、2002

木村利人（編集主幹）、『バイオエシックス・ハンドブック—生命倫理を超えて—』、法研、2003

大林雅之、『生命の淵—バイオエシックスの歴史・哲学・課題—』、東信堂、2005

Linda Jacob Altman, 『Bioethics Who Lives, Who Dies, andWho Decides?』, Enslow Publishers Inc., 2006

②生命倫理から医療倫理、そして臨床倫理へ

箕岡真子著（日本臨床倫理学会監修）、『臨床倫理入門』、へるす出版、2017

箕岡真子、稲葉一人、『わかりやすい倫理—日常ケアに潜む倫理的ジレンマを解決するために』、ワールドプランニング、2011

稲葉一人、板井孝壱郎、濱口恵子編著、『こちら臨床倫理相談室』、南江堂、2017

Fletcher JC, Siegler M, What are the goals of ethics consultation? A consensus statement. Journal of Clinical Ethics, 7, 1996, 122-126.

④人間の尊厳（Dignity）／SOL・QOL

E.W.Keyserling他著、加藤尚武、飯田亘之編、『バイオエシックスの基礎——欧米の「生命倫理」論』、東海大学出版、1988

箕岡真子、稲葉一人、『高齢者ケアにおける介護倫理—ケースから学ぶ』、医歯薬出版、2008

赤林朗編、『入門・医療倫理Ⅰ』、勁草書房、2005

近藤均ほか編、『生命倫理事典』、太陽出版、2002

⑤倫理問題へのアプローチ方法

箕岡真子、稲葉一人、『高齢者ケアにおける介護倫理―ケースから学ぶ』、医歯薬出版、2008

箕岡真子、稲葉一人、『わかりやすい倫理』、ワールドプランニング

⑥事実と価値／倫理理論

箕岡真子、稲葉一人、『高齢者ケアにおける介護倫理―ケースから学ぶ』、医歯薬出版、2008

Daniel Callahan, 『Bioethics, Encyclopedia of Bioethics』, 1995

⑦倫理原則と徳倫理

箕岡真子、稲葉一人、『高齢者ケアにおける介護倫理―ケースから学ぶ』、医歯薬出版、2008

Daniel Callahan, 『Bioethics, Encyclopedia of Bioethics』, 1995

Robert M. Veatch, 『Capter10：Resolving Conflicts Among Principles：The basics of Bioethics』

⑧倫理４原則

箕岡真子、稲葉一人、『高齢者ケアにおける介護倫理―ケースから学ぶ』、医歯薬出版、2008

箕岡真子、『バイオエシックスの視点よりみた認知症高齢者における自己決定と代理判断　成年後見制度と医療行為　新井誠編』、日本評論社、2007

内山雄一他(編)、『資料集生命倫理と法』、2003、太陽出版

⑨倫理４原則の対立

箕岡真子、稲葉一人、『高齢者ケアにおける介護倫理―ケースから学ぶ』、医歯薬出版、2008

Robert M. Veatch, 『Capter10：Resolving Conflicts Among Principles：The basics of Bioethics』

Bernard Lo, 『Resolving Ethical Dilemmas―― A Guide for Clinicians』, Lippincott Williams and Wilkins, 2005

⑩インフォームドコンセント

箕岡真子、稲葉一人、『高齢者ケアにおける介護倫理―ケースから学ぶ』、医歯薬出版、2008

箕岡真子、『バイオエシックスの視点よりみた認知症高齢者における自己決定と代理判断　成年後見制度と医療行為　新井誠編、日本評論社、2007

内山雄一他(編)、『資料集生命倫理と法』、2003、太陽出版

松村明監修、『大辞泉　増補・新装版』、小学館、1998

⑪医療に関する意思決定プロセスと代理判断

Thomas Grisso, Paul S. Appelbaum, 『Assessing Competence to Consent to Treatment』, Oxford University Press, 1998

箕岡真子、稲葉一人、『高齢者ケアにおける介護倫理―ケースから学ぶ』、医歯薬出版、2008

箕岡真子、新井誠編、『バイオエシックスの視点よりみた認知症高齢者における自己決定と代理判断　成年後見制度と医療行為』、日本評論社、2007

⑫守秘義務／個人情報保護

バーナード・ロウ、『医療の倫理ジレンマ』、西村書店、2003

稲葉一人、箕岡真子、「総合ケア」Vol17、No7、2007

稲葉一人、箕岡真子、「総合ケア」Vol17、No.10、2007

箕岡真子、新田國夫編著、『在宅看取り学の実践――家で死ぬための医療とケア』、医歯薬出版、2007

⑬「医療者―患者」関係

赤林朗編、『入門・医療倫理Ⅰ』、勁草書房、2005

バーナード・ロウ(著、監訳)、『医療の倫理ジレンマ』、西村書店

Ezekiel J. Emanuel, MD .PhD, Linda L. Emanuel, MD. PhD, 「Four Models of the Physician-Patient Relationship：JAMA」April 22/29 1992- Vol267, No.16

Dan W. Brock, 『The Ideal of Shared Decision making Between Physician and Patient, Kennedy Institute of Ethics Journal』, March 1991

Dan W. Brock, PhD., Steven A. Wartman, M.D., Ph.D., 「Sounding Board- When competent patients make irrational choices, The New England Journal of Medicine,

Vol.332, No.22」, 1990

Timothy E. Quill, MD., Howard Brody, MD, PhD, 「Physician Recommendation Power and Patient Choice：Annals of Internal Medicine, Vol.125」, (P.763-769), November 1996

Peter Conrad, 「The Noncompliant Patient in Search of Autonomy, : Hasting Center Report」, August 1987

Thomas S. Szasz, M.D., Marc H. Hollender, M.D., 「The Basic Models of the Doctor-Patient Relationship; Archives of Internal medicine, Vol.97, No.6」, June 1956

西内岳共編、『Q＆A 病院・医院・歯科医院の法律実務』、新日本法規出版、2008

第2章

①生殖補助医療①──特殊性と倫理

吉村泰典、『生殖医療の未来学─生まれてくる子どものために─』、診断と治療社、2010

②生殖補助医療②──倫理的問題と法的問題

吉村泰典、『生殖医療の未来学─生まれてくる子どものために─』、診断と治療社、2010

日本学術会議生殖補助医療の在り方検討委員会、代理懐胎を中心とする生殖補助医療の課題─社会的合意に向けて─、2008.4

③出生前診断①──定義と方法

吉村泰典、『高齢妊娠・出産とどう向き合うか』、ぱーそん書房、2014

④出生前診断②──倫理的問題と課題

吉村泰典、『高齢妊娠・出産とどう向き合うか』、ぱーそん書房、2014

⑤遺伝医療・ゲノム医療、遺伝学的検査をめぐる倫理的課題

日本医学会 (2011)、「医療における遺伝学的検査・診断に関するガイドライン」、http://jams.med.or.jp/guideline/genetics-diagnosis.html

日本産科婦人科学会 (2013)、「出生前に行われる遺伝学的検査および診断に関する見解」、http://www.jsog.or.jp/ethic/H25_6_shusseimae-idengakutekikensa.html

日本産科婦人科学会（2013）、「母体血を用いた新しい出生前遺伝学的検査に関する指針」、
http://www.jsog.or.jp/news/pdf/guidelineForNIPT_20130309.pdf

⑥最先端医療──クローン技術・再生医療など

I.Wilmut, A.E.Schnieke、J.McWhir、A.J.Kind、K.H.S.Cambell、Roslin Institute,U.K、
「NATURE」1997年

科学技術庁、「クローン技術って何？」、 http://www.mext.go.jp/b_menu/shingi/kagaku/
klom98/index.htm

福田恵一、「日医雑誌」、2002

Yamanaka S. et al.、「Cell」、2007

中村祐輔、「第5回日医総研セミナー記録集」、2001

日本医師会、第XIV次 生命倫理懇談会「遺伝子診断・遺伝子治療の新しい展開－生命倫理の立場
から－」（平成26・27年度）

⑦研究倫理

「ヒトゲノム・遺伝子解析研究に関する倫理指針」、2004

「ヒトES細胞の樹立及び使用に関する指針」、2001

「特定胚の取り扱いに関する指針」、2001

「遺伝子治療研究に関する指針」、2004

「疫学研究に関する倫理指針」、2004

「臨床研究に関する倫理指針」、2004

赤林朗（編）、『入門・医療倫理Ⅰ』、勁草書房、2005

「WMAヘルシンキ宣言」

⑧臓器移植

臓器の移植に関する法律（改正：平成21年7月17日（平成21年法律第83号）

日本臓器移植ネットワーク、「臓器移植に関するデータ」、http://www.jotnw.or.jp/datafile/
offer/index.html

日本臓器移植ネットワーク、「NEWS LETTER」vol 21、2017

日本臓器移植ネットワーク、「日本の移植事情」

⑨認知症ケアの倫理

David Edvardsson、Bengt Winblad、PO Sandman、「Lancet Neurol」、2008

Anthea Innes、Suzi macpherson、Louise McCabe、「promoting person-centred care at the front line」、Joseph Rowntree Foundation、2006

箕岡真子、稲葉一人、『高齢者ケアにおける介護倫理―ケースから学ぶ』、医歯薬出版、2008

箕岡真子、『認知症ケアの倫理』、ワールドプランニング

⑩終末期医療

箕岡真子、『蘇生不要指示のゆくえ―医療者のためのDNARの倫理』、ワールドプランニング、2012

箕岡真子、稲葉一人、『わかりやすい倫理』、ワールドプランニング、2011

Sarah A. Wilson、Christine R. Kovach and Sandra A. Stearns「Geriatric Nursing、1996

箕岡真子、稲葉一人、『高齢者ケアにおける介護倫理―ケースから学ぶ』、医歯薬出版、2008

NPO法人在宅ケアを支えるネットワーク・市民ネットワーク「平成17年度厚生労働省老人保健健康事業による研究報告：認知症高齢者の在宅生活の継続を支える地域の医療支援システムに関する調査研究Ⅲ」、2005

箕岡真子、『在宅看取り学の実践――家で死ぬための医療とケア』、医歯薬出版、新田國夫（編著）、2007

Bernard Lo、『Resolving Ethical Dilemmas――A guide for Clinicians』、Lippincott Williams and Wilkins、2005

Martha L、Henderson、Laura C. Hanson、Kimberly S. Reynolds、『Improving Nursing Home Care of the Dying』、Springer Publishing Company、2003

Hank Dunn、『Hard Choices For Loving People』、A&A Publishers,Inc.、1993

Bethel Ann Powers、『Nursing Home Ethics――Everyday Issues Affecting Residents with Dementia』、Springer Publishing Company、2003

Guidelines for end-of –life care and decision-making(New South Wales)

Barber v.、「Superior Court」、1983

Cruzan v.、「Missouri Department of Health」、1990

⑪事前指示とアドバンスケアプランニング（ACP）

箕岡真子、稲葉一人、『高齢者ケアにおける介護倫理―ケースから学ぶ』、医歯薬出版、2008

箕岡真子、「事前指示書『私の四つのお願い』」、ワールドプランニング

⑫成年後見制度

箕岡真子、稲葉一人、『高齢者ケアにおける介護倫理―ケースから学ぶ』、医歯薬出版、2008

新田國夫(編著)、『在宅看取り学の実践──家で死ぬための医療とケア』、医歯薬出版、2007

稲葉一人(編)、『Ⅱ章20 「任意後見契約に関する法律」、事例でなっとく看護と法』、メディカ出版、2006

⑬倫理委員会／倫理コンサルテーション

箕岡真子、稲葉一人、『高齢者ケアにおける介護倫理―ケースから学ぶ』、医歯薬出版、2008

箕岡真子、稲葉一人、『わかりやすい倫理』、ワールドプランニング

索 引

[A]

ACP ···················· 113, 114
ADR裁判外紛争解決 ················121

[C]

CPR···························112

[D]

DNA ························75
DNAR（Do Not Attempt Resuscitation）
····························112
DNR（Do Not Resuscitate）········112

[E]

ES細胞 ·······················83

[H]

Human Fertilization and Embryology Act
（HFEA）·····················61

[I]

iPS細胞·······················83

[P]

POLST（DNAR指示）···············114

[Q]

QOL ·························17
QOL（Quality of Life）············99
QOLs（Quality of Lives）···········99

QWL（Quality of Working Life）·····124

[S]

SOL···························17

[あ]

アドバンスケアプラニング··········113

[い]

意思決定能力················ 27, 37, 38
遺伝カウンセリング·················71
遺伝子·······················75
遺伝子関連検査··················76
遺伝子治療·····················84
医療過誤訴訟····················14
インフォームドコンセント
················ 4, 7, 8, 13, 28, 34, 88

[か]

緩和ケア·····················105

[き]

虐待防止法·····················45

[く]

クローン技術····················81

[け]

経済的虐待····················100
ゲノム·······················75

医療経営士●初級テキスト8　141

[こ]

公正・正義原則・・・・・・・・・・・・・・・・・・・29

個人情報・・・・・・・・・・・・・・・・・・・・・・・45

個人情報保護・・・・・・・・・・・・・28, 43, 88

コンプライアンス・・・・・・・・・・・・・・・・・53

[し]

事前指示・・・・・・・・・・・・・・40, 93, 113, 114

終末期医療・・・・・・・・・・・・・・・・108, 115

絨毛検査・・・・・・・・・・・・・・・・・・・・・・68

出生前診断・・・・・・・・・・・・・・・・・67, 78

出自を知る権利・・・・・・・・・・・・・・・・・・64

ジュネーブ宣言・・・・・・・・・・・・・・・・・・47

守秘義務・・・・・・・・・・・・・・・・・・28, 43

消極的安楽死・・・・・・・・・・・・・・・・・・106

自律尊重原則・・・・・・・・・・・14, 27, 43, 99

人工妊娠中絶・・・・・・・・・・・・・・・・・・70

身体的虐待・・・・・・・・・・・・・・・・・・・100

信認関係・・・・・・・・・・・・・・・・・・・・・51

心肺蘇生術・・・・・・・・・・・・・・・・・・・112

心理的虐待・・・・・・・・・・・・・・・・・・・100

診療報酬・・・・・・・・・・・・・・・・・・・・・93

[せ]

生殖ビジネス・・・・・・・・・・・・・・・・・・64

生殖補助医療・・・・・・・・・・・・・・・61, 64

性的虐待・・・・・・・・・・・・・・・・・・・・100

成年後見制度・・・・・・・・・・・・・・・38, 118

生命倫理・・・・・・・・・・・・・・・・・・・・・・2

積極的安楽死・・・・・・・・・・・・・・・・・・106

善行原則・・・・・・・・・・・・・・・・・・27, 28

[そ]

臓器移植・・・・・・・・・・・・・・・・・・・・・90

臓器の移植に関する法律・・・・・・・・・・・・90

尊厳・・・・・・・・・・・・・・・・・・・・・・・16

尊厳死・・・・・・・・・・・・・・・・・・・・・107

[た]

代行判断・・・・・・・・・・・・・・・・・・・・・40

第三者を介する生殖医療・・・・・・・・・・・・62

第三者を介する生殖補助医療・・・・・・・・・65

胎児採血・・・・・・・・・・・・・・・・・・・・・68

胎児生検・・・・・・・・・・・・・・・・・・・・・68

胎児の人権・・・・・・・・・・・・・・・・・・・・70

代理懐胎・・・・・・・・・・・・・・・・・・・・・65

代理判断・・・・・・・・・・・・・・・・・・・・・37

タスキギー事件・・・・・・・・・・・・・4, 24, 27

タラソフ事件・・・・・・・・・・・・・・・32, 44

[ち]

着床前遺伝子診断・・・・・・・・・・・・・・・・67

超音波診断・・・・・・・・・・・・・・・・・・・・68

[と]

東海大学事件・・・・・・・・・・・・・・・・・・109

徳倫理・・・・・・・・・・・・・・・・・・・24, 25

[に]

日本産科婦人科学会の見解・・・・・・・・・・・65

日本臨床倫理学会・・・・・・・・・・・・・・・122

[ね]

ネグレクト・・・・・・・・・・・・・・・・・・・100

[の]

脳死移植······························91

[は]

パーソンセンタードケア············102
パーソン論····················· 92, 96
バイオエシックス················ 2, 5
パターナリズム················· 39, 48
発症前診断·························78

[ひ]

ヒポクラテスの誓い··············· 7, 12

[ふ]

プロチョイス·······················71
プロライフ·························71

[へ]

ヘルシンキ宣言················· 4, 86

[ほ]

母体血胎児染色体検査········ 68, 69, 72
母体保護法·························70

[み]

看取り····················· 104, 115

[む]

無危害原則·························28

[ゆ]

優生思想···························69

[よ]

羊水検査···························68

[り]

リスボン宣言··················· 12, 47
リプロダクティブ・ライツ············69
臨床倫理委員会·····················11
臨床倫理認定士····················123
倫理原則················· 14, 24, 99
倫理コンサルタント··········· 9, 10, 11
倫理コンサルテーション
················ 9, 10, 11, 112, 120, 121
倫理的ジレンマ·····················18

[ろ]

ローマ法王庁·······················60

[わ]

ワーノック報告·····················61

医療経営士●初級テキスト 8　143

編者・著者

箕岡　真子（みのおか・まさこ）

（第1章第3節～第13節、第2章第7節、第9節～第13節）
浜松医科大学医学部卒業・早稲田大学大学院（バイオエシックス専攻）卒業。
現職／東京大学大学院医学系研究科医療倫理学分野客員研究員、箕岡医院院長
専門分野／臨床倫理
主な研究領域／終末期医療ケアの倫理・高齢者ケアの倫理・介護倫理・認知症ケアの倫理
主な著作／『ケースから学ぶ高齢者ケアにおける介護倫理』（共著、医歯薬出版、2008年）、『認知症ケアの倫理』（ワールドプランニング、2010年）、『臨床倫理入門』（へるす出版、2017年）、『蘇生不要指示のゆくえ―DNARの倫理』（ワールドプランニング、2012年）

著者

大林　雅之（おおばやし・まさゆき）

（第1章第1節）
1950年東京都生まれ。上智大学大学院理工学研究科生物科学専攻（生命科学基礎論部門）博士後期課程単位修得満期退学。ジョージタウン大学ケネディ倫理研究所客員研究員、山口大学医学部教授、京都工芸繊維大学大学院教授等を経て現職。
現職／東洋英和女学院大学人間科学部教授、同大学大学院人間科学研究科において「死生学」分野担当
専門分野／バイオエシックス（生命倫理学）、科学史、科学哲学
主な著作／『ケースで学ぶ　医療福祉の倫理』（共編著、医学書院、2008年）、『生命の淵－バイオエシックスの歴史・哲学・課題－』（東信堂、2005年）、『ケースブック　医療倫理』（共編著、医学書院、2003年）など

板井　孝壱郎（いたい・こういちろう）

（第1章第2節）
1968年神戸市生まれ。1991年立命館大学文学部哲学科哲学専攻卒業、1997年京都大学大学院文学研究科博士後期課程倫理学専修研究指導認定、京都府立医科大学非常勤講師、京都大学リサーチアソシエイト等を経て、2002年宮崎医科大学（現：宮崎大学医学部）専任講師。
現職／宮崎大学医学部社会医学講座生命・医療倫理学分野教授、宮崎大学大学院医学獣医学総合研究科生命倫理コーディネーターコース教授、宮崎大学医学部附属病院中央診療部門臨床倫理部部長

専門分野／哲学・倫理学、医療倫理学、臨床倫理コンサルテーション
主な著作／『こちら臨床倫理相談室』（共編著、南江堂、2017年）、『シリーズ生命倫理学第16巻 医療情報』（共編著、丸善出版、2013年）、『治す医療から支える医療へ: 超高齢社会に向けた在宅ケアの理論と実践』（共編著、木星舎、2012年）など

稲葉　一人 （いなば・かずと）

（第1章第12節、第2章第13節～第14節）
司法試験合格後、大阪・東京の判事・判事補、法務省検事や、米国留学を経て、現職。
現職／中京大学法科大学院（ロースクール）教授（民事訴訟法）。京都大学大学院医学研究科修士博士課程を経て、久留米大学医学部（医学）と熊本大学大学院（哲学）の客員教授を兼務し、群馬県の顧問をしている。
主な著作／『ケースから学ぶ高齢者ケアにおける介護倫理』（共著、医歯薬出版、2008年）、『ナースのためのトラブル法律相談所 ケースで学ぶQ&A50』（メディカ出版、2008年）など

吉村　泰典 （よしむら・やすのり）

（第2章第1節～第4節）
現職／内閣官房参与（少子化対策・子育て支援担当）、福島県立医科大学副学長（業務担当）、慶應義塾大学名誉教授、一般社団法人吉村やすのり生命の環境研究所代表理事
専門分野／生殖生理学、臨床内分泌学
所属学会／日本産科婦人科学会理事長（2007～2011年）、日本生殖医学会理事長（2010～2014年）、日本産科婦人科内視鏡学会理事長（2011～2015年）
主な著作／『生殖医療のあり方を問う』（診断と治療社、2002年）、『生殖医療の未来学』（診断と治療社、2012年）、『産科が危ない―医療崩壊の現場から―』（角川書店、2013年）、『高齢妊娠・出産とどう向き合うか』（ぱーそん書房、2014年）

福嶋　義光 （ふくしま・よしみつ）

（第2章第5節～第6節）
北海道大学医学部卒業。神奈川県立こども医療センター、埼玉県立小児医療センターを経て、信州大学医学部遺伝医学教授。2017年より現職。
現職／信州大学名誉教授・特任教授（医学部）、セイコーエプソン株式会社統括産業医、日本医学会「遺伝子・健康・社会」検討委員会委

員長、日本人類遺伝学会監事（前理事長）、日本遺伝カウンセリング学会監事（元理事長）、全国遺伝子医療部門連絡会議理事長、一般財団法人研究倫理協会理事
専門分野／遺伝医学、遺伝倫理学、遺伝カウンセリング学

田中　信一郎（たなか・しんいちろう）

（第2章第8節）
広島県生まれ。岡山大学医学部大学院修了。国立病院機構岡山医療センター統括診療部診療部長、国立病院機構徳島病院院長等を経て現職。中国四国厚生局健康福祉部医事課臨床研修審査専門員併任。
現職／福山大学生命工学部生命栄養科学科教授、岡山県臓器バンク理事長、岡山県臓器移植推進連絡協議会会長
専門分野／臓器移植（腎移植）；臓器提供に係るコーディネーション・あっせん業務・移植術および術前後管理等の移植医療全般を経験
資格／国際移植学会会員、日本外科学会認定医、日本移植学会移植認定医、日本臨床腎移植学会　認定医

『医療経営士テキストシリーズ』　総監修

川渕　孝一（かわぶち・こういち）

1959年生まれ。1983年、一橋大学商学部卒業後、民間病院・企業を経て、1987年、シカゴ大学経営大学院でMBA取得。国立医療・病院管理研究所、国立社会保障・人口問題研究所勤務、日本福祉大学経済学部教授、日医総研主席研究員、経済産業研究所ファカルティ・フェロー、スタンフォード大学客員研究員などを経て、現在、東京医科歯科大学大学院教授。主な研究テーマは医業経営、医療経済、医療政策など。『2040年の薬局』（薬事日報社）、『第六次医療法改正のポイントと対応戦略60』『病院の品格』（いずれも日本医療企画）、『医療再生は可能か』（筑摩書房）、『医療改革〜痛みを感じない制度設計を〜』（東洋経済新報社）、『生と死の選択』（経営書院）など著書多数。

MEMO

MEMO

MEMO

MEMO

MEMO

『医療経営士テキストシリーズ』

「医療経営士」が今、なぜ必要か？

マネジメントとは経営学で「個人が単独では成し得ない結果を達成するために他人の活動を調整する行動」と定義される。医療機関にマネジメントがないということは、「コンサートマスターのいないオーケストラ」、「参謀のいない軍隊」のようなものである。

わが国の医療機関は、収入の大半を保険診療で得ているため、経営層はどうしても「診療報酬をいかに算定するか」「制度改革の行方はどうなるのか」という面に関心が向いてしまう。これは"制度ビジネス"なので致し方ないが、現在、わが国の医療機関に求められているのは「医療の質の向上と効率化の同時達成」だ。この二律相反するテーマを解決するには、医療と経営の質の両面を理解した上で病院全体をマネジメントしていくことが求められる。

医療経営の分野においては近年、医療マーケティングやバランスト・スコアカード、リエンジニアリング、ペイ・フォー・パフォーマンスといった経営手法が脚光を浴びてきた。しかし、実際の現場に根づいているかといえば、必ずしもそうとは言えない。その大きな原因は、医療経営に携わる職員がマネジメントの基礎となる真の知識を持ち合わせていないことだ。

医療マネジメントは、実践科学である。しかし、その理論や手法に関する学問体系の整備は遅れていたため、医療関係者が実践に則した形で学ぶことができる環境がほとんどなかったのも事実である。

そこで、こうした医療マネジメントを実践的かつ体系的に学べるテキストブックとして期待されるのが、本『医療経営士テキストシリーズ』である。目指すは、医療経営に必要な知識を持ち、医療全体をマネジメントしていける「人財」の養成だ。

なお、本シリーズの特徴は、初級・中級・上級の3級編になっていること。初級編では、初学者に不可欠な医療制度や行政の仕組みから倫理まで一定の基礎を学ぶことができる。また、中級編では、医療マーケティングや経営戦略、組織改革、財務・会計、物品管理、医療IT、チーム力、リーダーシップなど、「ヒト・モノ・カネ・情報」の側面からマネジメントに必要な知識が整理できる。そして上級編では、各種マネジメントツールの活用から保険外事業まで医療機関のトップや経営参謀を務めるスタッフに必須となる事案を網羅している。段階を踏みながら、必要な知識を体系的に学べるように構成されている点がポイントだ。

テキストの編著は医療経営の第一線で活躍している精鋭の研究者や実務家である。そのため、内容はすべて実践に資するものになっている。医療マネジメントを体系的にマスターしていくために、初級編から入り、ステップアップしていただきたい。

医療マネジメントは知見が蓄積されていくにつれ、日々進歩していく科学であるため、テキストブックを利用した独学だけではすべてをフォローできない面もあるだろう。そのためテキストブックは改訂やラインアップを増やすなど、日々進化させていく予定だ。また、執筆者と履修者が集まって、双方向のコミュニケーションを行える検討会や研究会といった「場」を設置していくことも視野に入れている。

本シリーズが医療機関に勤務する事務職はもとより、医師や看護職、そして医療関連サービスの従事者に使っていただき、そこで得た知見を現場で実践していただければ幸いである。そうすることで一人でも多くの病院経営を担う「人財」が育ち、その結果、医療機関の経営の質、日本の医療全体の質が高まることを切に願っている。

『医療経営士テキストシリーズ』総監修
川渕 孝一

■初級テキストシリーズ（全8巻）

巻	タイトル	編著者代表
1	医療経営史 — 医療の起源から巨大病院の出現まで[第3版]	酒井シヅ（順天堂大学名誉教授・特任教授／元日本医史学会理事長）
2	日本の医療政策と地域医療システム —医療制度の基礎知識と最新動向[第4版]	尾形裕也（九州大学名誉教授）
3	日本の医療関連法規 —その歴史と基礎知識[第4版]	平井謙二（医療経営コンサルタント）
4	病院の仕組み／各種団体、学会の成り立ち —内部構造と外部環境の基礎知識[第3版]	木村憲洋（高崎健康福祉大学健康福祉学部医療情報学科准教授）
5	診療科目の歴史と医療技術の進歩 —医療の細分化による専門医の誕生、総合医・一般医の役割[第3版]	上林茂暢（龍谷大学社会学部地域福祉学科名誉教授）
6	日本の医療関連サービス —病院を取り巻く医療産業の状況[第3版]	井上貴裕（千葉大学医学部附属病院副病院長・病院経営管理学研究センター長）
7	患者と医療サービス —患者視点の医療とは[第3版]	深津博（愛知医科大学病院医療情報部特任教授／日本医療コンシェルジュ研究所理事長）
8	医療倫理／臨床倫理 —医療人としての基礎知識	箕岡真子（東京大学大学院医学系研究科医療倫理学分野客員研究員／箕岡医院院長）

■中級テキストシリーズ（全19巻）

【一般講座】（全10巻）

巻	タイトル	編著者代表
1	医療経営概論—病院の経営に必要な基本要素とは	吉長成恭（広島国際大学大学院医療経営学専攻教授）
2	経営理念・ビジョン／経営戦略—経営戦略実行のための基本知識	鐘江康一郎（聖路加国際病院経営企画室）
3	医療マーケティングと地域医療—患者を顧客としてとらえられるか	真野俊樹（多摩大学統合リスクマネジメント研究所教授）
4	医療ITシステム—診療情報の戦略的活用と地域包括ケアの推進	瀬戸僚馬（東京医療保健大学保健学部医療情報学科准教授）
5	組織管理／組織改革—改革こそが経営だ！	冨田健司（同志社大学商学部商学科准教授）
6	人的資材管理—ヒトは経営の根幹	米本倉基（岡崎女子短期大学教授）
7	事務管理／物品管理—コスト意識を持っているか？	山本康弘（国際医療福祉大学医療福祉・マネジメント学科教授）
8	財務会計／資金調達（1）財務会計	橋口徹（日本福祉大学福祉経営学部教授）
9	財務会計／資金調達（2）資金調達	福永肇（藤田保健衛生大学医療科学部医療経営情報学科教授）
10	医療法務／医療の安全管理—訴訟になる前に知っておくべきこと	須田清（弁護士／大東文化大学法科大学院教授）

【専門講座】（全9巻）

巻	タイトル	編著者代表
1	診療報酬制度と医業収益—病院機能別に考察する戦略的経営［第4版］	井上貴裕（千葉大学医学部附属病院副病院長・病院経営管理学研究センター長）
2	広報・広告／ブランディング—集患力をアップさせるために	石田章一（日本HIS研究センター代表理事／ビジョンヘルスケアズ代表）
3	部門別管理—目標管理制度の導入と実践	西村周三（京都大学理事・副学長）、 森田直行（京セラマネジメントコンサルティング代表取締役会長兼社長／前京セラ代表取締役副会長）
4	医療・介護の連携—地域包括ケアと病院経営［第4版］	橋爪章（元保健医療経営大学学長）
5	経営手法の進化と多様化—課題・問題解決力を身につけよう	鐘江康一郎（聖路加国際病院経営企画室）
6	創造するリーダーシップとチーム医療—医療イノベーションの創発	松下博宣（東京農工大学大学院技術経営研究科教授）
7	業務改革—病院活性化のための効果的手法	白濱伸也（日本能率協会コンサルティング品質経営事業部シニア・コンサルタント）
8	チーム医療と現場力—強い組織と人材をつくる病院風土改革	白髪昌世（広島国際大学医療経営学部医療経営学科教授）
9	医療サービスの多様化と実践—患者は何を求めているのか	島田直樹（ピー・アンド・イー・ディレクションズ代表取締役）

■上級テキストシリーズ（全13巻）

巻	タイトル	編著者代表
1	病院経営戦略論—経営手法の多様化と戦略実行にあたって	尾形裕也（九州大学大学院医学研究院医療経営・管理学講座教授）
2	バランスト・スコアカード—その理論と実践	荒井耕（一橋大学大学院商学研究科管理会計分野准教授）、 正木義博（社会福祉法人恩賜財団済生会横浜市東部病院院長補佐）
3	クリニカルパス／地域医療連携 —医療資源の有効活用による医療の質向上と効率化	濃沼信夫（東北大学大学院医学系研究科教授）
4	医工連携—最新動向と将来展望	田中紘一（公益財団法人神戸国際医療交流財団理事長）
5	医療ガバナンス—医療機関のガバナンス構築を目指して	内田亨（西武文理大学サービス経営学部健康福祉マネジメント学科准教授）
6	医療品質経営—患者中心医療の意義と方法論	飯塚悦功（東京大学大学院工学系研究科医療社会システム工学寄付講座特任教授）、 水流聡子（東京大学大学院工学系研究科医療社会システム工学寄付講座特任教授）
7	医療情報セキュリティマネジメントシステム（ISMS）	紀ノ定保臣（岐阜大学大学院医学系研究科医療情報学分野教授）
8	医療事故とクライシスマネジメント —基本概念の理解から危機的状況の打開まで	安川文朗（熊本大学法学部公共社会政策論講座教授）
9	DPCによる戦略的病院経営—急性期病院経営に求められるDPC活用術	松田晋哉（産業医科大学医学部教授（領域公衆衛生学））
10	経営形態—その種類と選択術	羽生正宗（山口大学大学院経済学研究科教授／税理士）
11	医療コミュニケーション—医療従事者と患者の信頼関係構築	荒木正見（九州大学哲学会会長、地域健康文化学研究所所長）、 荒木登茂子（九州大学大学院医学研究院医療経営・管理学講座医療コミュニケーション学分野教授）
12	保険外診療／附帯業務—自由診療と医療関連ビジネス	浅野信久（大和証券キャピタル・マーケッツ コーポレートファイナンス第一部担当部長／東京大学大学院客員研究員）
13	介護経営—介護事業成功への道しるべ	小笠原浩一（東北福祉大学大学院総合福祉学研究科教授／ラウレア応用科学大学国際諮問委員・研究フェロー）

※肩書きはテキスト執筆時のものです

医療経営士●初級テキスト8

医療倫理／臨床倫理——医療人としての基礎知識

2018年7月24日　第1版第1刷発行

編　　　著　箕岡　真子
発　行　人　林　　　諄
発　行　所　株式会社 日本医療企画
　　　　　　〒104-0042　東京都中央区入船3−8−7　ザ・ロワイヤルビル
　　　　　　TEL 03-3553-2861（代）　　http://www.jmp.co.jp
　　　　　　「医療経営士」専用ページ　http://www.jmp.co.jp/mm/
印　刷　所　三美印刷 株式会社

©MASAKO MINOOKA 2018,Printed in Japan
ISBN978-4-86439-684-4 C3034　　定価は表紙に表示しています
本書の全部または一部の複写・複製・転訳載等の一切を禁じます。これらの許諾については小社までご照会ください。